Aleph Verlag

Aleph Verlag
Zweite Auflage 2013

Vignette: Inge Jastram
Druck: Book on Demand GmbH Norderstedt

ISBN 978-3-936934-00-7

Frank Sporkmann

Dramen
I

Frank Sporkmann, geboren 1955 auf der Insel Rügen, studierte Germanistik, Geschichte und Philosophie. Seit 1987 als freiberuflicher Schriftsteller tätig, ist er stets darum bemüht, eine eigene Bühnenästhetik zu schaffen. Seine Stücke sind spröde, minimalistisch und eine Herausforderung für Regisseure und Schauspieler und, wie die Kritik bemerkte, besitzt er »offenbar eine gehörige Portion Witz, den er ‚sophisticated' einsetzt«.

»Die Realität ist absurd! Ich komme der Realität am nächsten, wenn ich absurde Geschichten schreibe«, so sein Credo.

FIDIBUS

Einakter

Personen:

ER
SIE

Ort der Handlung:

Ein kleines deutsches Dorf

Zeit der Handlung:

Heute

Das Wichtigste in diesem Stück sind das Schweigen und die Pausen, in denen all die Abgründigkeiten geschehen, für die diese Geschichte steht.

SIE

Was tust du?

ER

Ich streiche den Tag im Kalender an.

SIE

Wozu?

ER

Ich streiche jeden Tag im Kalender an,
der wichtig ist.

SIE

Was ist an dem heutigen Tag so wichtig,
dass du ihn anstreichst?

ER

Wie kannst du fragen? Es hat gebrannt im Dorf
und ein Mensch ist ums Leben gekommen.

SIE

Aha.

ER

Es ist doch schön zu wissen,
wann im Dorf etwas geschehen ist.

SIE

Wieviel Tage hast du in diesem Jahr
schon angestrichen?

ER

Zwei.

SIE

Zwei?

ER

Zwei. Heute und den 21. März.

SIE

Das war Frühlingsanfang?

ER

Ja und Koslowski hat sich erhängt. Weißt du noch?

SIE

Das war zum Frühlingsanfang?

ER

Ja.

SIE

Die Krokusse waren schon am Verblühen.
Es war erstaunlich warm und trocken.
Du musstest schon den Vorgarten sprengen.

ER

Alles war sehr früh dran in diesem Jahr.

SIE

Wir haben ganz schön Heizkosten gespart
in diesem Jahr. Und an dem Tag, als sich
Koslowski erhängt hat, kriegte ich vom Versand
die geblümte Bluse, du erinnerst dich doch.

ER

Nein.

SIE

Die Geblümte, die ich das erste Mal trug,
als wir mit dem Bus nach Berchtesgaden fuhren.

ER

Ja.

SIE

Das war schön.

ER

Ja.

SIE

Du warst aufgeregt, als wir im Bus saßen.

ER

Ja.

Schweigen. Erinnern.

SIE

Ich habe das erst gar nicht verstanden,
aber als wir dann im Teezimmer des Führers standen
und auf die Berge geschaut haben,
da habe ich es verstanden.

ER

Nichts hast du verstanden.

SIE

Wie kannst du so was sagen?

ER

Im Teezimmer des Führers. Das klingt ja gerade
so, als hätten wir was mit dem Führer am Hut.
Du kannst das nicht verstehen.
Alle im Dorf sind schon in Berchtesgaden gewesen,
nur ich nicht. Wie habe ich denn dagestanden.

Schweigen.

SIE

Münzmann war auch nicht in Berchtesgaden.

ER

Der war dafür im Kessel von Stalingrad.
Der konnte mitreden.

Schweigen.

SIE

Koslowski war auch nicht in Berchtesgaden.

ER

Koslowski war ein Spinner.

SIE

Koslowski hat nicht gesoffen und er hatte Arbeit.

ER

Trotzdem war er ein Spinner.

Kurzes Schweigen.

SIE

Ich fand ihn nett.

ER

Nett! Sagtest du gerade nett?
Der war doch kein richtiger Mann.
Wahrscheinlich war er schwul oder gar nichts.

SIE

Meinst du?

ER

Wenn ich es dir sage!

SIE

(Schweigt)

Schweigen.

ER

Wenn ich es dir sage.
Der hat sich ja nicht einmal für Fußball interessiert
und wenn sich ein Mann nicht für Fußball interesiert,
da stimmt doch was nicht.

SIE

Und wenn einer nicht einmal die Woche besoffen
auf allen Vieren nach Hause kommt, sich von oben
bis unten bekotzt hat, stimmt wohl auch was nicht.

ER

Da ist was dran.

Schweigen.

SIE

Es ist doch komisch, dass keiner weiß,
warum sich Koslowski erhängt hat. Findest du nicht?

ER

Hm.

SIE

Interessiert es dich nicht,
warum sich Koslowski erhängt hat?

ER

Ich glaube nicht.

SIE

Bist du stur.

ER

Ich bin wie ich bin.

Schweigen.

Er

Findest du nicht, dass es komisch ist,
wenn ein Mann so ganz ohne Frau lebt?

Sie

Warum regst du dich so auf?

Er

Ihr Weiber, und du ganz besonders, findet es nur schick, wenn einer anders ist als die anderen.
Dass was nicht stimmt mit dem,
auf die Idee kommt ihr nicht.

Schweigen.

Sie

Ob er was mit der Belatzki gehabt hat?

Er

Hä?

Sie

Erinnerst du dich nicht mehr?

Er

Woran soll ich mich erinnern?

Sie

Es muss jetzt sechs Jahre her sein.
Da ist er doch immer um das Haus der Belatzki herumscharwenzelt. Denk mal nach. Ich habe dir damals gesagt, der Koslowski hat was mit der Belatzki.
Er hat ihr doch geholfen, das Gartentor zu reparieren, als ihr Mann es im Suff kaputtgefahren hat.

Er

Koslowski, Belatzki, Belatzki, Koslowski.
Nein, das weiß ich nicht mehr.

Sie

Komisch,
sonst kannst du dich doch an alles erinnern.

ER

Wozu muss ich mich daran erinnern.
Der Koslowski hat sich zum Frühlingsanfang erhängt und die Belatzki ist heute verbrannt.

SIE

Aber als der Belatzki der Mann weggelaufen ist, nachdem sie das Peterchen entbunden hat, ist doch der Koslowski wieder um sie rumscharwenzelt.

ER

Gib endlich Ruhe.

Schweigen.

SIE

Kannst du dir vorstellen, wie es ist, wenn man lebendig verbrennt? Ich kann es mir nicht vorstellen, dabei habe ich mich doch mal so fürchterlich verbrüht, als ich die Schweinekartoffeln abgegossen habe. Die ganze Haut klebte an der Innenseite des Pullovers. Bei lebendigem Leib verbrennen stell ich mir wirklich schrecklich vor.

ER

Wahrscheinlich war sie sturzbesoffen und hat überhaupt nichts mitbekommen.

SIE

Und wenn sie nicht besoffen war?

ER

Sie war besoffen, verlass dich drauf.
Die war doch ..., seit ihr der Mann abgehauen ist, war die keinen Tag mehr nüchtern.

Schweigen.

SIE

Schrecklich, findest du nicht auch?

ER

Jeder ist für sein eigenes Leben verantwortlich.
Das ist das Wichtigste.

Schweigen.

Sie

Findest du es nicht auch sonderbar, dass das Peterchen vor dem Haus stand, als die Feuerwehr kam? Er soll sogar gekokelt haben mit den qualmenden Dachbalken, die vors Haus gestürzt waren.

Er

Es wird gewesen sein, wie ich's sagte. Sie war besoffen. Sonst hätte sie sich doch retten können. Der Bengel hat es doch auch geschafft. War sowieso nur noch eine Frage der Zeit, bis so etwas passieren musste. Die war doch völlig meschugge;
die hatte doch nicht alle beisammen.

Schweigen.

Sie

Man soll nicht schlecht über Tote reden.
Ich fand gar nicht, dass sie verrückt war.

Er

Wie willst du das wissen.

Sie

Ich habe manchmal mit ihr gesprochen.

Er

Du hast mit ihr gesprochen?

Sie

Reg dich doch nicht auf.

Er

Ich hätte nicht übel Lust, dir nachträglich auf's Maul zu schlagen.
(Pause)
Niemand hat mit ihr gesprochen.
Warum hast du mit ihr gesprochen?

Sie

Na eben so, wenn wir uns begegnet sind im Dorf.

Schweigen.

ER

Worüber habt ihr gesprochen?

SIE

Über dies und das.

ER

Über dies und das. Ist das eine Antwort?
Ich will wissen, worüber ihr gesprochen habt?

SIE

Was ist denn los mit dir?
Wir haben einfach so geschwatzt.

ER

Einfach so bla, bla.

SIE

Ja.

Pause. Schweigen.

ER

Habt ihr über mich gesprochen?

SIE

Über dich?

ER

Rede ich so undeutlich? Über mich, ja?

SIE

Was sollten wir über dich reden?

ER

Was weiß ich? Ich bin doch nicht dabei gewesen,
wenn du mit ihr geredet hast, obwohl keiner
aus dem Dorf mit ihr geredet hat,
weil sie nicht ganz richtig war im Kopf.

Schweigen.

SIE

Also ich fand nicht, dass sie verrückt war.

ER

Wahrscheinlich hast du sie auch nicht mehr alle.

SIE

Warum beleidigst du mich?

ER

Du weißt doch nicht einmal mehr,
worüber ihr geredet habt.

SIE

Es war wohl nichts Wichtiges.

ER

Nichts Wichtiges?
Also habt ihr nicht über mich oder
die anderen Männer im Dorf geredet?

SIE

Warum sollten wir über dich oder
die anderen Männer im Dorf reden?

ER

(Zornig)
Ach leck mich.

Langes Schweigen.

SIE

Ich finde, sie war eine schöne Frau.

ER

Wer?

SIE

Na, die Belatzki.

ER

(Schweigt)

SIE

Findest du nicht auch, dass sie eine schöne Frau war? Ich meine, bevor sie zu saufen angefangen hat und bevor ihr der Mann weggelaufen ist. Ich meine, bevor sie das Peterchen gekriegt hat.

ER

Hm.

Sie

Jetzt tu nicht so scheinheilig. Ich kann mich genau daran erinnern, wie du einmal gesagt hast, die Belatzki hat den knackigsten Arsch im Dorf und die Titten sind auch stramm.

Er

Das habe ich gesagt?

Sie

Ja.

Pause.

Er

Warst du sauer deswegen?

Sie

Nein.

Er

Warum nicht?

Sie

Weil‘s stimmte und du meinen Arsch und meine Titten trotzdem nicht verachtet hast.

Er

(Lacht)
Daran hat sich nichts geändert.

Sie

Hättest du gerne ...

Er

Was?

Sie

Mit ihr, der Belatzki, du weißt schon was.

Er

Wär‘s schlimm, wenn ich‘s gewollt hätte?

Sie

Ich hätte es verstanden.
(Pause)
Aber du hast ja nicht.

ER

Nein.

Schweigen.

SIE

Oder hast du doch?

ER

Nein.

SIE

Schade.

Pause.

ER

Schade?

SIE

Ich meine, jetzt wo sie tot ist, würde es mir nichts ausmachen. Wenn ich mir jetzt vorstelle, wie du es mit ihr gemacht hast, würde es mich sogar ... erregen.

ER

Ist das dein Ernst?

SIE

Ja.

ER

Hm.

Schweigen.

SIE

Aber du hast ja nicht mit ihr.

ER

Nein.

SIE

Nein.

Schweigen.

SIE

Ich hätte es auch mitbekommen.

ER

Was hättest du mitbekommen?

SIE

Wenn du mit ihr …

ER

(Lacht)
Das hättest du mitbekommen.

SIE

Eine Frau spürt sowas.

ER

Eine Frau spürt erst was, wenn sie ihn drinhat.
Bis dahin fantasiert eine Frau nur wirres Zeug.

SIE

Meinst du?

ER

Ja.

SIE

Hm, dann will ich dir mal erzählen, was ich mitkriege. Wenn du im Fernsehen die rothaarige Sprecherin siehst, dann wirst du unruhig.
Dann hast du eine Hand in der Hose.
Und rot wirst du und zu schwitzen fängst du an und stinken tust du auch.

Pause.

ER

(Empört)
Ich stinke?

SIE

Wie ein Schafbock.

ER

Blödsinn, du spinnst.

Sie

Anschließend gehst du auf die Toilette.
(Pause)
Wenn du zurückkommst, stinkst du nicht mehr.
(Pause)
Jeden Dienstag. Immer zur gleichen Zeit.

Er

(Schweigt)

Sie

Sag was.

Pause.

Er

Was soll ich sagen.

Sie

Irgendwas.

Pause.

Er

Ich bin ein Mann. Das weißt du.

Sie

Ja.

Er

Ein Mann kann nicht an sich halten,
wenn es ihn überkommt.

Sie

Und wenn du die Rothaarige siehst,
überkommt es dich.

Er

(Schweigt)

Sie

Und wenn du die Belatzki gesehen hast,
hat es dich nicht überkommen?

Er

(Schweigt)

Sie

Und wenn du mich siehst, überkommt
es dich nicht.

Er

(Kleinlaut)
Doch.

Sie

Selten.

Pause.

Sie

Die Gewohnheit. Die macht alles kaputt.

Schweigen.

Sie

Was wird wohl aus Peterchen?

Er

Es gibt gute Heime, heute.

Sie

Ja.

Er

Dort ist er bestimmt besser aufgehoben.

Sie

Ja.

Pause.

Sie

Wer wohl der Vater ist?

Er

Wieso interessiert dich das?

Sie

Der könnte sich doch um das Kind kümmern.

Er

(Schweigt)

SIE

Findest du nicht?

ER

Das ist mir egal.

SIE

Aus dem Dorf kann es keiner gewesen sein. Der Einzige, der blond ist und blaue Augen hat, bist du.

ER

(Schweigt)

Pause.

SIE

Muss ein Schock für ihren Mann gewesen sein, als sie schwanger war.

ER

Meinst du, er hat sie nicht gefickt?

SIE

Sicher, aber er war doch steril.

ER

Er war was?

SIE

Steril. Zeugungsunfähig.

ER

Willst du damit sagen, er war ein Hammel?

SIE

Hammel. Er war steril, war beim Arzt und
hat sich seine, wie heißen die Dinger doch gleich,
(Pause)
Samenstränge durchschneiden lassen.

ER

Du meinst, wie beim Ferkelschneiden,
(Pause)
Beutel auf und zack?

SIE

So ungefähr. Er war doch nur auf Montage.
Wann kam der mal nach Hause.

Seine Kinder hätten doch Onkel zu ihm gesagt.
(Pause)
Sie war damit einverstanden.

ER

Woher weißt du das?

SIE

Das wussten alle im Dorf.

ER

Alle, nur ich nicht.

SIE

Sie hat nicht einmal bemerkt, dass sie schwanger war. Wenn ich mich recht entsinne, hat sie zu dem Zeitpunkt auch angefangen zu saufen. Ist das nicht komisch?

ER

Ich weiß nicht.

Schweigen.

SIE

Und dann ist da diese Geschichte ...

ER

Was für eine Geschichte?

SIE

Du weißt schon.

ER

Ich weiß gar nichts. Wollen wir ein wenig fernsehen?

Pause.

SIE

Die Geschichte, wo die Männer bei ihr Schlange gestanden haben sollen. Es hieß, alle Männer im Dorf sollen sie gehabt haben. Sogar der alte Münzmann soll über sie drüber sein. Naja, alle ist übertrieben.
(Pause)

Du warst an diesem Abend zum Heimattreffen
mit Wildschwein am Spieß.
(Pause)
Hattest dich mit Soße bekleckert.
Das muss auch so in der Drehe gewesen sein.

ER

Hä?

SIE

Na als sie anfing zu saufen.

Schweigen.

ER

Es wird kalt ... heute Nacht.

SIE

Wenn der Winter so wird wie der Herbst, brauchen wir sicher viel mehr Heizöl und was wir im letzten Winter gespart haben, ist weg.

ER

Ja. Gut, dass ich den Rhododendron noch gewässert habe.

SIE

Vielleicht kannst du bei der Belatzki auf dem Hof noch ein paar Pflanzen retten. Geht doch alles kaputt, wenn sich keiner drum kümmert.

ER

Ich bin doch kein Leichenfledderer.

Schweigen.

SIE

Wie alt war sie?

ER

Wer?

SIE

Die Belatzki.
Sechsunddreißig oder Siebenunddreißig.

ER

Davon fünf Jahre Sauferei, die zählen dreifach.

SIE

Trotzdem. Ich war schon ein wenig neidisch.
Ihr Arsch blieb wie er war, die ganzen Jahre.
Die war kein bisschen fett.

ER

Hättest du nicht soviel gefressen,
wärst du auch nicht fett geworden.

Pause.

SIE

Ich denke, dir gefällt es.

ER

(Schweigt)

Pause.

SIE

Aber die Belatzki hat dir auch gefallen.

ER

Mein Gott, ein wenig Abwechselung kann
jeder Mann vertragen, wenigstens im Traum.

SIE

Du hast geträumt von ihr?

ER

Nein. Nicht von ihr.

SIE

Von wem?

ER

Von niemand.

SIE

Du lügst.

Schweigen.

ER

Da ist doch nichts Schlimmes dabei, wenn man sich nur zum Beispiel im Fernsehen eine schöne Frau anschaut und träumt, dass man die mal ...

SIE

Die Rothaarige am Dienstag.

ER

Ja, zum Beispiel die Rothaarige am Dienstag. Hast doch auch was davon, wenn ich brünstig bin.

SIE

Nicht am Dienstag, da verrichtest du deine Brunst auf der Toilette. Ich kann's höchstens noch wegwischen, wenn du das Becken nicht getroffen hast.

ER

Ich treffe immer, weil ich mich draufsetze dabei.

Schweigen.

SIE

Heute ist nicht Dienstag.

ER

Heute ist Donnerstag.

SIE

Ja.

ER

Ja. Ja, und.

SIE

Wenn dir dazu nichts einfällt.

ER

Du willst ...

SIE

Warum nicht, es ist doch nicht Dienstag.

ER

Stimmt.

Schweigen.

ER

Wenn du es mich deutlicher spüren lassen würdest.

SIE

Was?

ER

Dass du ... wie soll ich's sagen, läufig bist.

SIE

Ausdrücke hast du.

ER

Du könntest es jeden Tag haben.

SIE

Ach, ja?

ER

Du müsstest nur was dafür tun.

SIE

Was?

ER

Muss man dir alles sagen?

SIE

Soll ich dir den Schwanz lutschen?

ER

Das ist doch erst viel später dran.
Du müsstest so ein bisschen ... säuisch tun.

SIE

Säuisch tun.

ER

Oh, Gott.

Schweigen.

SIE

Soll ich mir was anderes anziehen.
Die geblümte Bluse. In Berchtesgaden
warst du jeden Tag scharft auf mich.

ER

Das hatte nichts mit der Bluse zu tun.
Das waren die Berge und die Erinnerungen

an den Führer und Eva Braun und seinen Schäferhund. Da bleibt kein deutscher Mann derselbe.

Pause.

SIE

Jedenfalls warst du in Berchtesgaden scharf auf mich. War ich da säuisch?

ER

Mit säuisch meine ich die Weiber in diesen Heften oder im Fernsehen nach Mitternacht.

Pause.

SIE

Nach Mitternacht schlafe ich, sogar vor dem Fernseher.

ER

Ja.

Pause.

SIE

Und solche Hefte kenne ich nicht.

ER

Der Münzmann hat solche Hefte. Die Weiber da drin haben immer so Strümpfe an und Höschen, wo die Muschi rausguckt und so ...

SIE

Der alte Münzmann.

ER

Also das wäre was. Statt dessen sehe ich immer nur Kittelschürze und Wollsocken. Wie soll da ein Mann übermannt werden.

Pause.

Sie

Denkst du oft an säuische Dinge?

Er

Jeden Tag.

Sie

(Schweigt)

Pause.

Er

Was soll ich denn machen. Den ganzen Tag laufe ich auf dem Hof rum und wenn der Hahn auf die Henne steigt, dann steigt‘s auch in mir. Dann steigt es bis in den Kopf und ich höre das Blut in den Adern und es schlägt mir gegen den Bregen. Bum ... Bum ... Bum .... Dann denke ich, der Schädel platzt mir und nur eine Muschi kann mich noch retten. Eine Muschi in die ich Bum ... Bum ... Bum ... machen kann, bis der Druck endlich nachlässt.

Sie

(Erregt)
Und ich?

Er

Und du? ... Ich denke an die Rothaarige, ich denke an Weiber, wie man sie im Fernsehen sieht. Und schließlich denke ich an Muschis ohne Gesichter mit glatten, glänzenden Strümpfen. An dich denke ich nicht. … ich gehe auf die Toilette.

Pause.

Sie

Erzähl mir mehr.

Er

Wozu?

Sie

Es macht mich ganz heiß und säuisch.

Er

Ich mag nicht. Bin nicht in Stimmung für Säuisches.

Schweigen.

Sie

Ich habe in einem Katalog gesehen, dass sie solche säuischen Sachen verschicken.

Er

Was?

Sie

Diskreter Versand garantiert. Im Dorf würde es keiner merken.

Er

Lass mich.

Schweigen.

Sie

Hm.

Er

Was, hm?

Sie

Ich komm nicht davon los.

Er

Wovon?

Sie

Ob der Koslowski was mit der Belatzki hatte.

Er

Nein.

Sie

Was, nein?

Er

Der Koslowski hatte nichts mit der Belatzki.

Sie

Wer weiß das schon.

ER

Ich.

SIE

Du?

ER

Ich. Und jetzt gib Ruhe.

Pause.

SIE

Woher willst du wissen, dass der Koslowski nichts mit der Belatzki hatte?

ER

Ich weiß über die Männer im Dorf Bescheid und du über die Frauen. Er hat was von der Belatzki gewollt, aber es hat nicht sollen sein.

SIE

Erzähl.

ER

Gib Ruhe.

SIE

Erzähl oder ich fang an, die Wohnung sauber zu machen.

ER

Was?

SIE

Das schafft Linderung.

ER

Du musst es aber nötig haben.

SIE

Glaubst du, mich lässt der Hahn kalt, wenn er auf die Henne steigt?

Schweigen.

ER

Manchmal denke ich, es wäre gut, wenn wir noch Arbeit hätten. Dann würde uns der Hahn nicht so aufregen.

Schweigen.

SIE

Vielleicht liegt es nur daran.

ER

Vielleicht.

SIE

Aber sonst geht‘s uns doch gut.

ER

Sag‘s nicht zu laut, dass es niemand hört.

SIE

Ist doch aber die Wahrheit. Einmal im Jahr nach Berchtesgaden und die Geburtstage in der Familie, Weihnachten, Ostern, Nationalfeiertag, Pfingsten. Manchmal denk ich, da müsste es noch was geben.
(Lange Pause)
Aber mir fällt nichts ein.

Schweigen.

SIE

Woran denkst du?

ER

An die Belatzki. So ein Ende ist schon scheußlich. Ich stell mir vor, wie sie so besoffen im Bett gelegen hat und überall war Feuer. Vielleicht hat sie selbst schon gebrannt. Und ... dann ist sie noch einmal zu sich gekommen. Da wird man bestimmt wahnsinnig vor Angst.

SIE

Kann man noch wahnsinniger werden, wenn man schon wahnsinnig ist?

ER

Ich weiß nicht.

SIE

Die Belatzki bestimmt.

ER

Warum?

SIE

Weil ich denke, dass sie nicht richtig wahnsinnig war.

ER

Hm.

SIE

Ich verstehe ja nichts davon, von Wahnsinn und so, aber gemerkt habe ich nichts.

ER

Aber das ganze Dorf hat gewusst, dass sie nicht ganz richtig im Kopf war. Wie sie so im Dorf rumgelaufen ist und erzählt hat, alle Männer des Dorfes hätten sie vergewaltigt.
Was soll man anderes darüber denken, als dass sie den Verstand verloren hat. Stell dir mal vor, was passiert wäre, wenn man ihr geglaubt hätte.

SIE

Was?

ER

Die hätte das ganze Dorf in den Knast gebracht.

SIE

Dich auch?

ER

Was weiß ich.
(Pause)
Vielleicht.
(Pause)
Vielleicht hätte sie behauptet, ich wäre an diesem Abend dabei gewesen.

SIE

Das fehlte noch. Kommt so eine Schlampe daher und bringt die Männer eines ganzen Dorfes in den Knast, nachdem sie's mit ihnen getrieben hat.

ER

Sag ich doch.
(Lange Pause)
Deswegen hat keiner mit ihr mehr gesprochen.

SIE

Bedeutet das, sie war verrückt?

Schweigen.

ER

Wie würdest du das bezeichnen, wenn eine herumläuft und etwas erzählt, was keiner glaubt und wissen will.

Schweigen.

SIE

Aber deswegen gleich zu verbrennen?

ER

Hat sie doch selbst verschuldet und jeder ist für sein eigenes Leben verantwortlich, sage ich immer.

Schweigen.

ER

Oder der Bengel war's.

SIE

Das Peterchen?

ER

Das Peterchen, das Peterchen. Es klingt ja gerade so, als würdest du den Bengel mögen.

SIE

Nein.

Pause.

Er

Dann nenne ihn doch nicht Peterchen.

Sie

Die Belatzki hat ihn so genannt. Sie hat gesagt, irgendwann wird mein Peterchen in seinem Bettchen zum Mond fliegen. Sie hat ihn immer so genannt. Peterchen.

Schweigen.

Er

Ich sag‘s doch, meschugge. Im Bettchen zum Mond fliegen, ihr Peterchen. Ein Monster ist der Bengel. Weißt du noch, wie ich ihn mit dem Strick vom Hof geprügelt habe, weil er der flügellahmen Amsel den Hals umgedreht hat?
(Pause)
Ist das ein menschliches Wesen, das so etwas tut? Da kann man doch nur noch dreinschlagen.
(Pause)
Oder als er versucht hat, Koslowskis Welpen in unseren Hundezwinger zu schieben, damit der Rex ihn totmacht.
(Pause)
Sowas sollte man totmachen. Sowas ist doch kein Mensch, was so mit Tieren umgeht.

Schweigen.

Er

Wollen wir fernsehen?

Sie

Nein.

Er

Hm.

Schweigen.

ER

Ich trinke einen Schnaps.

SIE

Ich auch. Nach so einem Tag hat man sich
einen Schnaps verdient.

ER

Gut, dass es Schnaps gibt.

Sie trinken. Schweigen.

ER

Woran denkst du.

SIE

An das Peterchen.
(Pause)
Hast du dir mal seine Augen angeschaut?

ER

Nein.

Schweigen.

SIE

Ich glaube, er hatte den bösen Blick.

ER

Hm.

Schweigen.

SIE

Münzmann hat mal von so einem Menschen erzählt.
Wenn der in den Stall kam, sind in
der Nacht immer ein paar Schweine verreckt.

ER

Das gibt's.

Schweigen.

Sie

Der Bengel hat mir leid getan, keinen Vater.
Die Mutter säuft. Keine Liebe. Aber wenn
ich seine Augen gesehen habe ...

Er

Ich denke, der Bengel wird mal ein Verbrecher.
Der kann sich doch in keine Gemeinschaft
einfügen. Der ist doch immer in den Wiesen rumgestrolcht. Allein. Nie hat er mit den anderen
Kindern gespielt.

Sie

Es wollte auch keiner im Dorf, dass die Kinder
mit ihm spielten. Schlechter Umgang.
Der hatte doch den bösen Blick.

Sie trinken. Schweigen.

Er

Die Belatzkis hätten nie hierher ziehen dürfen.
Die haben nicht ins Dorf hergepasst.
(Pause)
Er war kein Bauer und sie ... Ist dir aufgefallen,
dass sie immer geschminkt war, ob ihr Mann
zuhause oder auf Montage war.
Das macht man doch nicht. Das ist doch keine Art.

Sie

Koslowski hat hier auch nicht hergepasst. Der war
ein Eigenbrödler. Gerade, dass er seinen Rasen
zwei mal im Jahr gemäht hat. Keine Blumen, kein
Gemüse. Nichts. So einer gehört nicht auf‘s Dorf.

Schweigen.

Er

Koslowski war ein Spinner.

SIE

Er hat sich ja auch erhängt.

Er lacht.

SIE

Warum lachst du?

ER

Beinahe hätte ich gesagt,
(Pause)
besser so.

Beide lachen.

SIE

Wir wollen nicht schlecht von den Toten reden.

ER

Nein.

Schweigen.

SIE

Die Belatzki war eine schöne Frau, ich meine,
bevor sie das Saufen angefangen hat.

ER

Ja.

Sie trinken. Schweigen.

SIE

Du hättest die Belatzki bestimmt gekriegt,
wenn du gewollt hättest.

ER

Meinst du?

SIE

Bestimmt.

ER

Hm ... nun ist es zu spät.

SIE

Ja.

Schweigen.

ER

Ich hätte sie bestimmt nicht von der Bettkante gestoßen. Ich meine bevor sie das Saufen angefangen hat.

SIE

Das versteh ich.

ER

Ja?

SIE

Ja.

Sie trinken. Schweigen.

SIE

Ich weiß nicht, was mit mir los ist. Es erregt mich, wenn ich daran denke, wie du es mit der Belatzki getrieben haben könntest.

ER

Wirklich?

Pause.

SIE

Ich sehe, wie sie dir deinen Bauch streichelt.
Ihr Mann hatte ja keinen, der halbe Hahn.
(Pause)
Wie sie dir in die blonden Zotteln greift und
dein Gesicht gegen ihre strammen Brüste drückt.
Weiße, stramme Brüste voller Leben.
Brustwarzen, die nach dir stechen.

(Pause)
Und ich sehe deine Pranken auf ihrem Arsch und wie sie das Fleisch kneten, wie Hefeteig.
Die feuchte Geilheit läuft ihr an den zitternden Schenkeln herunter ...

ER

...

SIE

...

Pause.

ER

Warum erzählst du nicht weiter.

SIE

Gefällt's dir?

ER

Ja, es gefällt mir.

SIE

Aber sie ist tot.

ER

Ja.

Sie trinken. Schweigen.

ER

Erzähl weiter.

SIE

Ich kann nicht.

ER

Verdammt, erzähl weiter.

SIE

Sie ist tot.

Sie trinken. Schweigen. Er berührt sie.

SIE

Wann hast du mich das letzte Mal genommen?

ER

Dienstag?

SIE

Dienstags nimmst du mich schon lange nicht mehr.

ER

Ja.

SIE

Nimm mich.

ER

Ich kann nicht.

SIE

Nimm mich.

ER

Nein.

SIE

Die Rothaarige aus dem Fernsehen könntest du nehmen oder die Belatzki.

ER

Ja.

SIE

Dann nimm mich und denk an die Belatzki.

ER

So einfach geht das nicht.

Sie trinken. Schweigen. Sie berührt ihn.

SIE

Fang noch einmal ganz von vorne an.

ER

Es ist Herbst, vor sechs Jahren. Ich gehe zum Heimattreffen in den Krug.
(Pause)
Wir sitzen, trinken und reden. Dann singen wir und trinken. Es ist spät. Da kommt sie.

Martina Eitner-Acheampong. Michael Mechel
Regie: Armin Petras

UA am Theater »Horch und Guck« in Leipzig 1997

SIE

Wer?

ER

Die Belatzki. Sie trägt einen engen Rock und einen kurzen Mantel, einen ohne Ärmel.

SIE

Einen Poncho.

ER

Sie verlangt Zigaretten. Leichte Frauenzigaretten. Noch am Tresen öffnet sie die Schachtel und steckt sich eine an. Koslowski sieht sie und lädt sie zu uns an den Tisch ein. Der Koslowski war scharf auf sie. Er hat sich benommen wie ein Städter. Mit Verbeugung, nimmt ihr den ... den ... dieses Ding da ...

SIE

Poncho.

ER

... nimmt ihr den Poncho ab und schiebt ihr den Stuhl unter den Arsch.
(Lange Pause)
Ein wundervoller Arsch, prall und fest.
(Pause)
Wir schmeicheln ihr.
Das verschönt die Runde und so.
(Pause)
Wir trinken. Sie will Wein. So sauren Weißwein. Wir mischen ihr klaren Schnaps darunter. Sie wird immer lustiger. Wirft beim Lachen ihre weißen Arme in die Luft. Der Pullover über der Brust sitzt eng. Sie trägt keinen Büstenhalter. Ich sehe die Brustwarzen, wie sie gegen den Pullover stechen, als wollten sie raus.
(Kurze Pause)
Wenn sie lacht, entblößt sie das rosafarbene Zahnfleisch und ihr Mund sieht aus wie eine Muschi ...

SIE

Weiter. Rede doch.

ER

Der Krug schließt. Sie hat Unmengen Schnaps getrunken, ohne es zu merken.
Koslowski will sie nach Hause bringen.
Das Schwein wollte sich an sie heranmachen.
(Pause)
Der hat wirklich geglaubt, er könnte sie haben.
(Pause)
Wir sind mitgegangen. Vor ihrem Haus konnte sie sich kaum noch auf den Beinen halten.
(Pause)
Münzmann fragt sie, ob sie noch was zu trinken hätte. Wein, stammelt sie. Wein. Egal, sagt Münzmann, Hauptsache es dreht. Wir sind alle mit rein. Sie konnte kaum noch laufen. Wir haben sie an den Tisch gesetzt und Münzmann hat den Wein geholt. Wir haben aus der Flasche getrunken. Sie wollte nicht. Aber wir haben's ihr eingeflößt, dieses saure Gesöff. Dann hat Münzmann Fidibus gespielt.

SIE

Fidibus?

ER

Fidibus, ja. Das Spiel hat Münzmann vor Stalingrad auf Kameradschaftstreffen gelernt. Er hat sich ein Röckchen aus Zeitungen umgebunden. Die Zeitungen waren in schmale Streifen geschnitten. Wie diese Negerröckchen.

SIE

Wie Baströckchen.

ER

Genau. Dann ist er auf den Tisch gestiegen, der alte Zausel, und ... hat getanzt. Wir haben versucht, die Zeitungsfetzen anzuzünden.
Das ist Fidibus.

SIE

Habt ihr's geschafft, ihn anzuzünden?

ER

Münzmann? Diesen zähen Hund? Den zündet keiner an. Der ist noch ein echter Frontkämpfer.

Pause.

SIE

Ich würde es schaffen, dich anzuzünden.

ER

Du mich?

SIE

Ja!

ER

Nie!

SIE

Wetten?

ER

Nie, sag ich.

SIE

Lass es uns probieren.

ER

Also los.

Sie heftet ihm Zeitungsfetzen an. Er trinkt aus der Flasche. Sie trinkt aus der Flasche. Er steigt auf den Tisch und tanzt. Sie versucht ihn anzuzünden. Sie verbrennt sich mit den abgebrannten Zündhölzern mehrmals die Finger und gibt auf. Er steht noch immer auf dem Tisch.

ER

Sie hat von all dem gar nichts mehr mitbekommen. War völlig abgetreten. Da habe ich sie gepackt und auf den Tisch gehoben. Sie sollte tanzen. Aber sie konnte gar nicht mehr tanzen.

Er steigt vom Tisch, packt sie, hebt sie auf den Tisch.

ER

Tanz, habe ich gesagt, tanz! Aber sie torkelte nur. Wir mussten aufpassen, dass sie nicht vom Tisch stürzt. Und dann ... geht der Koslowski dazwischen und will sie vom Tisch holen. Und Schluss brüllt er und aufhören und wie ich sein Gesicht
so vor mir sehe,
(Pause)
kriege ich plötzlich eine Lust, eine Lust,
ihm eine dreinzuschlagen.

SIE

Und hast du?

ER

Ja.

SIE

Und?

ER

Er rappelt sich wieder hoch und ich denke noch,
komm nur, ich schlage dir gerne noch einmal
in deine Städterfresse.

SIE

Und? Und?

ER

Die anderen haben ihn festgehalten.
Sie hatten Mitleid mit ihm.
(Pause)
Und wie ich mich wieder zu der Belatzki umdrehe,
sehe ich, wie sie torkelt, wie eine besoffene Henne,
die zuviel Biermeische gefressen hat.
Ich greife zu, um sie zu stützen.
Dabei schiebe ich ihr den Rock hoch.
Und da habe ich es gesehen.
(Lange Pause)
Diese Sau!

SIE

Was?

ER

Die Strümpfe.
(Pause)
Die Sau hatte die gleichen säuischen Strümpfe an, wie die säuischen Weiber in Münzmanns säuischen Heften.

Sie hat inzwischen ihren Rock bis zum Bauch gelüftet.

ER

Dann habe ich sie auf den Tisch gelegt.

Er legt sie auf den Tisch.

ER

Ich habe ihr den Fetzen vom Arsch gerissen.

Er reißt ihr die Unterhose vom Körper.

ER

Ich habe ihr die Beine auseinandergedrückt und sah ihre Muschi. Dieses kleine Ding, rosa wie ein aufgeschnittenes Hühnerherz.

Sie lässt die Beine auseinanderklaffen.

ER

Dann habe ich zugestoßen.
(Erinnern. Pause)
Sie war eng. Zu eng für das, was ich ihr klar machen wollte.
(Pause)
Ich höre ihren Schei.

Er dringt mit einem harte Stoß in sie ein. Sie schreit.
Er hält ihr den Mund zu. Rythmisch.

Er

Ich habe es ihr heimgezahlt. Alles. Die Schminke im Gesicht, die säuischen Strümpfe, die langen Frauenzigaretten und ihren Mann, der noch Arbeit hatte. Ich habe sie für die Ewigkeit gefickt. Und mit mir alle anderen auch. Koslowski hat geweint. Er hat geweint und gewinselt wie ein Kind. Und als wir alle fertig waren, habe ich ihm die Hose runter gezogen. Jetzt sollte er sie haben, diese Sau. Aber er konnte nicht. Sein Schwanz war so winzig. Er war so erbärmlich. Und weil er nicht konnte, habe ich es für ihn gemacht. Ich war der Erste und der Letzte. Keiner hat sie danach noch einmal berührt. Ich habe sie für die Ewigkeit gefickt. Bis ans Grab.

Sie haben beide gleichzeitig einen Orgasmus.
Sie trennen sich. Langes Schweigen.

Sie

Ich glaube, ich liebe dich.

Er

Wenn es heute Nacht keinen Frost gibt,
wässere ich morgen den Rhododendron.

Alles erstickt in Schweigen.
Vorhang.

DAME ZU DRITT
oder
Die Nulldynamik der alten Männer

Kammerspiel

Personen:

KORF	- alter Herr
BROTZKI	- alter Herr
SILBERSTEIN	- alter Herr

Silberstein und Brotzki sitzen an einem Schachtisch vor einem Damespiel. Sie schauen aufs Brett. Korf erscheint. Brotzki schaut auf die Uhr.

BROTZKI

Es ist spät.

SILBERSTEIN

Beinahe hätten wir ohne dich angefangen.

KORF

Soll ich dankbar sein?

SILBERSTEIN

Er ist gereizt.

KORF

Ich bin nicht gereizt.

BROTZKI

Er ist unruhig.

KORF

Ich bin nicht unruhig.

SILBERSTEIN

Was dann?

KORF

Ich bin gar nichts!

BROTZKI

Warum so bescheiden.

SILBERSTEIN

Fangen wir also an.

BROTZKI

Korf, setz dich endlich.
Wie soll ich mich da konzentrieren?!

KORF

Wohin? … Es sind nur zwei Stühle da.

SILBERSTEIN

Es waren immer nur zwei Stühle da.

BROTZKI

So? Das ist mir nie aufgefallen.

KORF

Nein?

BROTZKI

Nein!

SILBERSTEIN

Das ist doch nicht möglich.
Wie lange spielen wir schon Dame?

KORF

Dreißig Jahre.

BROTZKI

Vierzig Jahre.

SILBERSTEIN

Vierzig Jahre und zwei Stühle nur?

KORF

Irgendwann hat es einmal einen Hocker gegeben.

SILBERSTEIN

Dann hat vierzig Jahre lang einer von uns
auf einem Hocker gesessen oder gestanden?

BROTZKI

Ich kann mich nicht erinnern.

KORF

Ich weiß genau, dass ich heute nicht
zum ersten Mal stehe.

SILBERSTEIN

Wärst du pünktlich gewesen,
bräuchtest du nicht stehen.

KORF

Wäre ich pünktlich gewesen,
würde ein anderer stehen.

SILBERSTEIN

Vielleicht.

KORF

Einer muss immer stehen.

BROTZKI

So ist das. Wer nicht kommt zur rechten Zeit …

KORF

So ist das keineswegs!

BROTZKI

Nein?

KORF

Nein.

SILBERSTEIN

Warum nicht?

KORF

Das werde ich dir sagen …
Übrigens habe ich, als ich zu spät kam, bemerkt, wie jemand deine Vase aus der Ming-Zeit gestohlen hat.

SILBERSTEIN

Das glaube ich nicht.

KORF

Schau nach.

SILBERSTEIN

Warum sollte das einer tun?

Silberstein erhebt sich, geht ein paar Schritte und verharrt. Korf setzt sich auf den freigewordenen Stuhl.

KORF

Was?

SILBERSTEIN

Mir eine Vase stehlen, die ich gar nicht besitze.

BROTZKI

Wie?

KORF

Du besitzt keine Vase aus der Ming-Zeit?

SILBERSTEIN

Nein.

KORF

Umso besser. Kann man sie dir nicht stehlen.

BROTZKI

Hahaha!

SILBERSTEIN

Warum jagst du mir so einen Schrecken ein?

KORF

Wie kann ich das, wenn du
keine Vase aus der Ming-Zeit besitzt?

SILBERSTEIN

Ich weiß nicht. Es ist vielleicht das Alter.

BROTZKI

Korf! Du wolltest uns etwas sagen.

KORF

Was, Brotzki?

BROTZKI

Warum es nicht so ist, dass,
wer nicht kommt zur rechten Zeit …

KORF

Das brauche ich nicht mehr.

SILBERSTEIN

Hast es vergessen.

KORF

Ich kam zu spät und habe trotzdem einen Stuhl.

SILBERSTEIN

Korf!

KORF

Silberstein?

SILBERSTEIN

Du spielst mit meinem Leben,
nur eines Stuhles wegen?

BROTZKI

Werde nicht theatralisch, Silberstein.

SILBERSTEIN

Ich bin vier Monate älter als Korf. Wie kann er da …

BROTZKI

Korf wird sich bei dir entschuldigen
und den Stuhl räumen.

KORF

Das wird Korf nicht tun.

SILBERSTEIN

Trotz der vier Monate Altersunterschied?

KORF

Ich pfeife darauf.

SILBERSTEIN

Dazu fehlen dir die Zähne.

KORF

Ich nehme die Finger.

BROTZKI

Meine Freunde, wir werden uns doch nicht streiten.

KORF

Warum werden wir uns nicht streiten?

SILBERSTEIN

Wir haben uns nie gestritten.

KORF

Ich habe nichts gegen Streit.

BROTZKI

Korf! Du entschuldigst dich
und machst den Stuhl frei!

KORF

Ich scheiß euch was.

BROTZKI

Was ist in dich gefahren?

SILBERSTEIN

Es ist wohl das Alter. Er wird kindisch.

KORF

Du bist vier Monate älter.

SILBERSTEIN

Das besagt gar nichts.

KORF

Vielleicht besagt es doch etwas, nämlich dass es dem kindischen Alten gelungen ist, dich zu übertölpeln.

BROTZKI

Können wir endlich mit dem Spiel beginnen?

SILBERSTEIN

Nicht, bevor ich meinen Stuhl wiederhabe!

KORF

Aha!

BROTZKI

Aha, aha! … Gib Silberstein seinen Sitzplatz zurück.

KORF

Seinen?

SILBERSTEIN

Ich habe immer dort gesessen, seit vierzig Jahren.

KORF

Und du, Brotzki, wo hast du immer gesessen?

BROTZKI

Hier, wo sonst.

KORF

…

BROTZKI

Was ist?

KORF

Ja, ja. Wenn Silberstein immer hier und du immer dort gesessen hast, dann habe ich immer gestanden oder auf dem Hocker gesessen, an dessen Existenz ich nicht glaube.

BROTZKI

…

SILBERSTEIN

…

KORF

Ich bin fest entschlossen, heute
hier sitzend zu spielen.

SILBERSTEIN

Ich erinnere mich nicht an den Hocker …
Aber du hast doch gesagt, irgendwann hat
es einmal einen Hocker gegeben.

KORF

Ich habe auch gesagt, jemand stiehlt dir
gerade eine Vase aus der Ming-Zeit.

SILBERSTEIN

Ach ja, die Vase …

BROTZKI

Bleib hier, Silberstein. Die Vase gibt es nicht.

SILBERSTEIN

Ich weiß. Trotzdem, sicher ist sicher.

BROTZKI

Du willst also spielen.

KORF

Hier und jetzt.

BROTZKI

Gegen mich?

KORF

…

BROTZKI

So haben wir noch nie gespielt.

KORF

Ich weiß.

BROTZKI

Nichts kann dich davon abbringen?

KORF

Nichts!

BROTZKI

Bitte, dann mach deinen Zug.

KORF

Wieso ich?

BROTZKI

Weil du Weiß hast.

KORF

Und wenn ich Grün, Gelb oder Umbra hätte?

BROTZKI

Hast du nicht.
Du hast Weiß und Weiß macht den ersten Zug.

KORF

Was hast du?

BROTZKI

Schwarz.

KORF

Pfui Teufel!

BROTZKI

Weiß eröffnet.

KORF

Wer sagt das?

BROTZKI

Ich, im Übrigen ist es Regel.

KORF

So eine Regel kenne ich nicht.

BROTZKI

Weiß eröffnet.

KORF

Weiß eröffnet …

BROTZKI

Weiß eröffnet.

KORF

…

SILBERSTEIN

Es ist alles in Ordnung.
Die Vase steht an ihrem Platz.

BROTZKI

… aus der Ming-Zeit?

SILBERSTEIN

Hmmm.

KORF

Sie kann nicht an ihrem Platz sein …

SILBERSTEIN

Warum …?

KORF

Weil es hier keine Vase aus der Ming-Zeit gibt.

SILBERSTEIN

Sie steht aber an ihrem Platz.

KORF

Wo?

SILBERSTEIN

Wo sie immer stand.

KORF

Das glaube ich nicht.

SILBERSTEIN

Schau nach.

KORF

Das werde ich auch!

Korf geht. Silberstein setzt sich auf den freigewordenen Stuhl.

BROTZKI

Irgendetwas läuft heute nicht so richtig.

SILBERSTEIN

Was?

BROTZKI

Das weiß ich nicht.

SILBERSTEIN

Spielen wir jetzt endlich?

BROTZKI

Von mir aus … Besser, wir warten auf Korf.

SILBERSTEIN

Wer hat beim letzten Mal gewonnen?

BROTZKI

…

KORF

… da ist keine Vase aus der Ming-Zeit!

BROTZKI

…!

SILBERSTEIN

Eben war sie noch da.
Dann wird sie wohl gestohlen worden sein.

KORF

Silberstein!

SILBERSTEIN

Ach, richtig, ich erinnere mich. Du selbst hast doch gesehen, wie sie gestohlen wurde.

KORF

…!

SILBERSTEIN

Vielleicht kannst du deine Beobachtung dem Gendarmen mitteilen.

BROTZKI

Seid ihr denn närrisch?!

SILBERSTEIN

Also spielen wir.

KORF

Nein!

BROTZKI

Was heißt »nein«?

KORF

Ich spiele nicht mehr mit euch.

SILBERSTEIN

Er ist ein Spielverderber.

BROTZKI

Warum spielst du nicht mehr mit uns?

KORF

Ihr habt mich immer ausgenutzt. Ich war immer der Dumme.

Korf wendet sich ab und schmollt.

BROTZKI

So etwas darfst du nicht sagen!

SILBERSTEIN

Ich hasse ihn.

BROTZKI

Silberstein!

SILBERSTEIN

Hast du nie bemerkt, dass er unangenehm riecht?

BROTZKI

Schäme dich, Silberstein.

SILBERSTEIN

Er riecht wie ein alter Mann.

BROTZKI

Er ist ein alter Mann.

SILBERSTEIN

Das Beste wird sein, wir ermorden ihn.

BROTZKI

Wir ermorden ihn?

SILBERSTEIN

Dann stört er uns nicht mehr beim Spiel.

BROTZKI

Das macht man nicht! … Im Übrigen hieße das, der Natur nur geringfügig vorzugreifen.

SILBERSTEIN

Auf die Natur ist kein Verlass.
Wir haben August und es schneit.

BROTZKI

Wir haben Februar und es regnet.
Bleib bitte bei der Wahrheit.

SILBERSTEIN

Ich hasse ihn. Ich habe ihn immer gehasst.

Brotzki tritt zu Korf.

BROTZKI

Hast du Probleme?

KORF

…

BROTZKI

Wie geht es deiner Frau?

KORF

Sie ist seit vierzig Jahren tot.

BROTZKI

Dann ist ja alles in Ordnung.

KORF

Sie ist genau so lange tot, wie ich
mit euch dieses blöde Spiel spiele.

BROTZKI

Es ist kein blödes Spiel. Du kannst sagen,
die Spieler, die das Spiel spielen, sind blöd.
Das Spiel ist nicht blöd.

KORF

Meinetwegen.

SILBERSTEIN

(erregt)
Er hat gesagt, ich bin blöd!

BROTZKI

Hat er nicht!

SILBERSTEIN

Ich habe es genau gehört!

BROTZKI

Ich habe gesagt, er kann sagen, dass die Spieler
blöd sind - nicht aber das Spiel.

KORF

Wenn du es gerne hören möchtest, bitte,
du bist blöd, Silberstein!

Silberstein

(beruhigt)
Danke, mein Hass ist berechtigt.

BROTZKI

Hör mal, Korf …

KORF

Nein, frag mich nicht nach meiner Frau!

SILBERSTEIN

Warum nicht, Korf, hihihi!

BROTZKI

Also ich wollte …

KORF

Kein Wort sag ich dir.

SILBERSTEIN

Er ist und bleibt ein Spielverderber.

KORF

Du solltest dich da raushalten.

SILBERSTEIN

Ich hindere dich nicht am Reden,
wenngleich ich viel lieber spielen würde.

KORF

Also gut, du hast es nicht anders gewollt …

BROTZKI

… nein, Korf, nein …

KORF

Er hat sie ermordet!

BROTZKI

Er hat sie ermordet.

KORF

Vor vierzig Jahren in Istanbul.

BROTZKI

Er hat sie ermordet?

KORF

Jawohl, einfach ermordet.

SILBERSTEIN

Heute reut's dich wohl?

KORF

…

BROTZKI

Silberstein, was redet ihr denn da zusammen.

SILBERSTEIN

Er redet viel Unsinn …
Das mit seiner Frau ist wahr.

BROTZKI

Du hast sie tatsächlich …?

SILBERSTEIN

Aber nicht erwürgt … Es war sein Wunsch.

KORF

Das habe ich nie gesagt!

SILBERSTEIN

Aber gewollt hast du es.

KORF

…

BROTZKI

Hast du gewollt, dass er sie ermordet?

KORF

Er hat es gemacht. Er hat es gewollt.

SILBERSTEIN

Verdrehe bitte nicht die Tatsachen.
Wir reden nicht über das Damespiel.

KORF

Du hast sie gehasst!

SILBERSTEIN

Warum solltest ich?

KORF

Weil du nie Glück bei den Weibern hattest.

BROTZKI

Ist das wahr, Silberstein?

KORF

Du warst eifersüchtig. Du hast sie gehasst.

SILBERSTEIN

Blödsinn! Sie hatte ihm strikt das Damespiel verboten. Es gab keine Alternative.

BROTZKI

Ich glaube, ich werde wahnsinnig.

SILBERSTEIN

Dazu besteht kein Grund … Korf,
du meinst, ich hatte keine Chancen bei den Weibern.

KORF

Das ist richtig.

SILBERSTEIN

Was denkst du, Korf, wie ich sie in mein Automobil bekam, um mit ihr in den Wald zu fahren?

KORF

Was du andeuten willst, ist absurd.

SILBERSTEIN

Ich habe sie vor das Automobil ins Moos gebettet, der Chrom des Studebakers war Zeuge. Sie hat wohl nie besser gelegen … Danach habe ich mich an den Volant gesetzt, den Motor gestartet und bin ohne Hast losgefahren.

BROTZKI

Silberstein, du bist ein Mörder!

SILBERSTEIN

Ein hartes Wort, nach vierzig Jahren.

BROTZKI

Vierzig Jahre spiele ich mit einem Mörder Dame.

KORF

Du hast nicht mit ihr im Moos gelegen.

SILBERSTEIN

Provozier mich nicht. Was hat es für einen Sinn, nach vierzig Jahren.

KORF

Für mich hat es einen Sinn.
Wie konntest du das tun?

BROTZKI

Wie konntest du das tun?

SILBERSTEIN

Ich habe der Natur vorgegriffen. Wer weiß,
ob sie nicht im nächsten Augenblick von einem
anderen Automobil überfahren worden wäre.

KORF

Silberstein! Ich will eine Antwort.

SILBERSTEIN

Gib Ruhe. Ich bin es leid.
Die Füße schmerzen, sind abgestorben.
Die Sockenhalter sind zu eng.

BROTZKI

Du trägst Sockenhalter?

SILBERSTEIN

Nur noch aus Gewohnheit.

KORF

Er ist nicht nur ein Lügner, er ist auch noch ein Snob.

SILBERSTEIN

Snob hin, Snob her. Sie hat mich geliebt und
hat es nicht ertragen, dich neben mir zu sehen.
Übrigens war sie entnervend.
Wollen wir nicht endlich spielen?

BROTZKI

Es ist vielleicht das Beste.

KORF

Ich spiel nicht mit euch.

SILBERSTEIN

Jetzt fängt der wieder an.

BROTZKI

Was ist nur heute in euch gefahren!

KORF

Ich ertrage es einfach nicht mehr. Seit vierzig Jahren spielen wir angeblich Dame. Dabei habe ich in den vierzig Jahren nicht einmal einen Stein berührt.
Ihr haltet mich zum Narren.
Wer bin ich, dass ihr das mit mir macht?!

SILBERSTEIN

Er widert mich an.

KORF

Ich kann euch beweisen,
dass ihr mich stets nur ausgenutzt habt.

BROTZKI

Das redest du dir ein.

KORF

Erinnert ihr euch, vor siebenunddreißig Jahren in Bilbao? Ihr standet an der Pissrinne einer herunter gekommenen Kneipe. Du, Silberstein, hast damit angefangen, mich in den Dreck zu zerren, hast mich mit den Fliegen verglichen, die an den Wänden herumkrochen …

BROTZKI

Hör auf, das weiß doch kein Mensch mehr.

KORF

Oh, nein! Ich weiß es ganz genau und
Silberstein weiß es auch.

BROTZKI

Sag was, Silberstein.

SILBERSTEIN

Ich erinnere mich.

BROTZKI

Er erinnert sich.

KORF

Ihr habt gewettet!

BROTZKI

Haben wir?

SILBERSTEIN

Wir haben.

KORF

Ihr habt gewettet, dass ich die Zeche bezahle …
Ihr seid aus dem Fenster geklettert.

BROTZKI

Woher weißt du das?

KORF

Ich weiß es.

SILBERSTEIN

Hast du die Zeche bezahlt?

KORF

Jawohl!

SILBERSTEIN

Dann habe ich gewonnen.

Brotzki beugt sein Haupt und Silberstein verabreicht ihm Kopfnüsse.

SILBERSTEIN

Eins, zwei, drei.

KORF

Ihr habt gewusst, dass ich mir von diesem
Geld in eigenes Damespiel kaufen wollte.

BROTZKI

Beim Leben meines Bruders, nein!

SILBERSTEIN

Seit wann hast du einen Bruder?

BROTZKI

Habe ich keinen?

KORF

Äääh! Ihr habt es gewusst.

SILBERSTEIN

Wir haben es nicht gewusst. Und hätten wir
es gewusst, dann hätten wir es erst recht getan.

KORF

Ich habe von dir nichts anderes erwartet.

BROTZKI

Warum hast du es so lange für dich behalten?

KORF

…

SILBERSTEIN

Weil er ein Feigling ist.

BROTZKI

Warum Essig auf die Wunde?

KORF

Das trifft mich nicht. Der Grund war ein einfacher.
Ich hatte begriffen, dass es ebenso sinnlos ist,
alleine ein Spiel zu besitzen,
wie der Dritte im Spiel zu sein.

SILBERSTEIN

Jetzt kann ich ihm nicht mehr folgen.

KORF

Weil du schwachsinnig bist, sonst wär dir längst aufgefallen, dass man Dame nur zu zweit spielen kann. Brotzki hat das längst begriffen.

BROTZKI

Du meinst …

KORF

Ich meine, Dame ist ein Spiel zu zweit.

SILBERSTEIN

Was ist, Brotzki, könnte er recht haben?

BROTZKI

Ich bin mir nicht sicher.

KORF

Ihr seid beide senil und schwachsinnig.

BROTZKI

Wenn du dir so sicher bist, warum hast du nicht längst etwas unternommen.

KORF

Ich habe auf meine Chance gewartet.

SILBERSTEIN

Auf was für eine Chance?

KORF

… dass einer von euch verreckt!

SILBERSTEIN

Hör dir das an, Brotzki, ist der Kerl noch bei Trost?

BROTZKI

Ich muss schon sagen, das erschüttert mich zutiefst. Du spekulierst auf unseren Tod?!

KORF

Mehr noch, ich habe sogar in Erwägung gezogen, einen von euch umzubringen.

SILBERSTEIN

Pfui Teufel!

BROTZKI

Hattest du jemand bestimmten im Auge?

KORF

Das wechselte. Doch meist war Silberstein der Kandidat.

SILBERSTEIN

Was, wie? Ich soll gewählt werden?

BROTZKI

Du sollst nicht fortwährend einschlafen, wenn wir spielen.

SILBERSTEIN

Was spielen wir?

KORF

Dame.

SILBERSTEIN

Na und?

BROTZKI

Hast du von deinem Plan Abstand genommen?

KORF

Ja.

SILBERSTEIN

Ich sag's ja, er ist ein Feigling.

BROTZKI

Warum?

KORF

Jetzt lohnt es nicht mehr, der Natur vorzugreifen.
Ich gehe das Risiko ein, dass meine Wahl schlecht ist
und die Natur ihr Recht am anderen vollstreckt, ehe
ich in den Genuss meiner Tat gelange.

BROTZKI

Das leuchtet ein.

SILBERSTEIN

Was ist, spielen wir endlich?

BROTZKI

Ja.

SILBERSTEIN

Korf, setz dich. Du machst mich nervös.

KORF

Wohin? Es sind nur zwei Stühle da.

SILBERSTEIN

Es waren immer nur zwei Stühle da.

BROTZKI

So? Das ist mir nie aufgefallen.

KORF

Nein?

BROTZKI

Nein!

SILBERSTEIN

Das ist doch nicht möglich.
Wie lange spielen wir schon Dame?

KORF

Vierzig Jahre.

SILBERSTEIN

Vierzig Jahre und zwei Stühle nur.

KORF

Irgendwann hat es einmal
einen Hocker gegeben.

SILBERSTEIN

Dann setz dich auf meinen Stuhl. Ich muss
mir die Beine vertreten. Früher waren die
Sockenhalter aus Gummizug.

KORF

Das kann ich nicht annehmen.

BROTZKI

Warum nicht? Er meint es ehrlich.

KORF

Das soll ich glauben?

SILBERSTEIN

Glaub, was du willst. Setz dich oder
setz dich nicht. Mir ist es egal.

KORF

Der Stuhl ist kaputt oder man spielt Dame
im Stehen!

BROTZKI

Dame im Stehen?
Davon habe ich noch nichts gehört.

SILBERSTEIN

Was ist dabei der Unterschied, ob man
Dame stehend oder sitzend spielt?

BROTZKI

Wer weiß?

KORF

Das habe ich nur so dahingesagt.

BROTZKI

Verdammt, Korf, was glaubst du, wo du bist!
Auf dem Jahrmarkt? Das Spiel ist zu ernst, um die
Spieler totzublödeln …Verdammt!

SILBERSTEIN

Kannst du mir sagen, warum er sich beim
Damespiel so aufregt?

KORF

Nein.

SILBERSTEIN

Das ist ein Spiel, Brotzki, ein Spiel.

KORF

Ich setze mich jetzt.

SILBERSTEIN

Nur zu!

KORF

Ich sitze.

SILBERSTEIN

Endlich.

BROTZKI

Du bist fest entschlossen?!

KORF

Wozu?

BROTZKI

Zum Spiel.

KORF

Wenn Silberstein nichts dagegen hat?!

SILBERSTEIN

Spiel nur, Korf, spiel nur.

BROTZKI

Du eröffnest.

KORF

Bist du sicher?

SILBERSTEIN

Ob es gut ist, wenn ich in meinem Alter
die Sockenhalter ablege?

BROTZKI

Wer sonst?

KORF

Da stimmt doch was nicht.
Du willst mir etwas beweisen.

SILBERSTEIN

Vielleicht.

BROTZKI

Was sollte ich dir beweisen wollen?

SILBERSTEIN

Ich hörte von einem, der im Alter seine Sockenhalter ablegte und fortan keinen Schlaf mehr fand, weil er meinte, alle Leute schauen auf seine heruntergerutschten Socken.

KORF

Ich wittere eine Verschwörung.

Brotzki

Was geschah mit dem,
der seine Sockenhalter ablegte?

SILBERSTEIN

Er starb … mit neunzig.

Brotzki

So kann's einem gehen.

KORF

Es kann nicht anders sein. Eine Verschwörung.

BROTZKI

Was ist, Korf, warum erhebst du dich?

KORF

Ich lasse mich von euch Spitzbuben
nicht aufs Kreuz legen.

SILBERSTEIN

Keine Lust, Korf?

BROTZKI

Er traut uns nicht.

KORF

Wundert es euch, nach vierzig Jahren?

SILBERSTEIN

Du bist ein Stinker! Ein verdammter Stinker!

KORF

Wenn du glaubst,
du kannst mich provozieren, dann …

BROTZKI

In diesem Falle muss ich Silberstein zustimmen.

KORF

Dann erkläre mir, warum ich eröffnen soll!

SILBERSTEIN

Weil Weiß immer eröffnet.

KORF

Woher willst du wissen, wo Weiß ist?

SILBERSTEIN

Weiß ist seit jeher dort, wo du gerade gesessen hast.

KORF

Das kann jeder sagen.

SILBERSTEIN

Dann schau doch nach!

KORF

Und wenn ich's mache?

BROTZKI

Dann weißt du es.

KORF

Ich mache es.

Er tritt ans Brett und bläst eine dicke Staubschicht vom Brett. Die Steine werden sichtbar und alle starren auf das Spiel.

KORF

Aha!

BROTZKI

Wirklich, Korf, ich hatte keine Ahnung.

SILBERSTEIN

Wie ist das möglich?

KORF

Ein abgefeimter Betrug!

BROTZKI

Höre mal …

KORF

Mit mir nicht!

BROTZKI

Ich bin bereit, mich zu entschuldigen.

KORF

Das sieht dir ähnlich. Du warst schon immer zu allem bereit …

BROTZKI

Na, na …

KORF

Selbst zu widerlichen Wetten auf Pissoirs!

SILBERSTEIN

Ich bin nicht bereit, mich zu entschuldigen.
Schon gar nicht bei dir, Korf.

KORF

Ich habe nichts anderes erwartet.

SILBERSTEIN

Ohne Ansehen der Person verweigere ich meine Bereitschaft. Ich bin ein mildtätiger, heiterer Mensch, zudem von Sockenhaltern geplagt und würde mich entschuldigen, wenn ich mir einer Schuld bewusst wäre.

KORF

Jaaa, du weißt von nichts. Hast mir deinen Stuhl angeboten, weil deine Beine schmerzten.

SILBERSTEIN

Hier ist eine fremde Macht im Spiel.

BROTZKI

Keiner, außer uns drei …

KORF

Sprich es nur aus!

SILBERSTEIN

Bist du dir völlig sicher?

BROTZKI

Wärst du dir sicher?

SILBERSTEIN

Nein.

KORF

Mal angenommen, ich würde euch glauben, dann müsste ich vermuten, ihr sitzt seit Jahren vor einem Spiel und wisst nicht, welche Farbe ihr spielt.

BROTZKI

Bausch die Angelegenheit nicht so auf …
Was ist schon dabei.
Es sind ohnehin nur zwei Farben.

KORF

Euer Glück.

SILBERSTEIN

Ich will wissen, warum Weiß dort und nicht hier ist!

KORF

Wie beeindruckend er brüllen kann.

BROTZKI

Immerhin hat er Recht.

KORF

Ich kann es euch sagen. Ihr seid senil und schwachsinnig und habt es vergessen.

SILBERSTEIN

Ich lasse mir meinen Kopf abschneiden, wenn mich mein Erinnerungsvermögen trügt.

KORF

Topp, Silberstein!

SILBERSTEIN

Also gut, eine Zehe.

BROTZKI

Wartet mal … Da war …

KORF

Ja?

SILBERSTEIN

Ja!

BROTZKI

Nein, nein … War nicht.

KORF

Aha!

SILBERSTEIN

Aber …

KORF

Ja?

BROTZKI

Ja!

SILBERSTEIN

Hmmm … Nein.

BROTZKI

Nicht. Auch gut. Was liegt dir eigentlich daran, zu wissen, warum Weiß dort und nicht hier ist.

SILBERSTEIN

Entschuldige bitte, aber ein vierzigjähriger
Irrtum ist doch wohl von Bedeutung!

KORF

Einen Irrtum nennt er das.

BROTZKI

Stellt euch nicht so an. Angenommen,
es ist die Regel, Schwarz eröffnet.
Dann ist euer Geschrei überflüssig.

KORF

Du hast seit vierzig Jahren behauptet, Weiß eröffnet.

SILBERSTEIN

Dass du nicht mehr umdenken kannst,
wundert mich nicht.

BROTZKI

Wir könnten natürlich auch das Brett drehen,
dann bleibt die alte Regel bestehen.

SILBERSTEIN

Das wäre ein schwerwiegender Schritt.

KORF

Ich wag's gar nicht zu denken.

BROTZKI

Es war nur ein Vorschlag.

SILBERSTEIN

Immerhin wäre dieser Schritt ebenso
schwerwiegend wie eine Regeländerung.

KORF

Ihr stellt euch das sehr einfach vor.
Seit vierzig Jahren ein einziger Betrug …

BROTZKI

… doch eher Selbstbetrug.

SILBERSTEIN

Moment, hat einer von euch auch nur
geahnt, dass hier etwas nicht stimmt?

KORF

Es lässt sich nicht einfach aus der Welt schaffen.

BROTZKI

Wir stimmen ab.

SILBERSTEIN

Wir müssen eine Entscheidung treffen.

KORF

Wenn eine vorbeikommt … Ich halte mich raus.

SILBERSTEIN

Feige Ratte.

KORF

Die ganze Sache ist doch überhaupt nur ans Tageslicht gekommen, weil ich …

SILBERSTEIN

Was ändert das?

BROTZKI

Du kannst dich da nicht raushalten.

KORF

Und ob!

BROTZKI

Wenn Silberstein und ich gegeneinander stimmen, kommen wir zu keiner Entscheidung.

SILBERSTEIN

Dieser Meckerer drückt sich vor der Verantwortung.

KORF

Dann will ich eine geheime Abstimmung.

SILBERSTEIN

Nichts als Ärger.

KORF

Den will ich vermeiden.

BROTZKI

Meinetwegen. Jeder merkt sich insgeheim, ob er dafür oder dagegen ist … Fertig?

KORF

Fertig.

SILBERSTEIN

…

BROTZKI

Wer für Brettdrehen ist, merke es sich.
Wer dagegen ist, der merke es sich auch …
Also, Korf, bist du dafür oder dagegen?

KORF

Frag Silberstein.

BROTZKI

Silberstein?

SILBERSTEIN

Stimmenthaltung!

BROTZKI

Korf?

KORF

Stimmenthaltung!

BROTZKI

Also müsst ihr euch jetzt für oder
gegen Regeländerung entscheiden.

KORF

Silberstein will was sagen.

SILBERSTEIN

Warum musste mir dieser Kerl vor vierzig
Jahren in die Hacken treten …

BROTZKI

Was ist, Silberstein?

SILBERSTEIN

Dafür!

BROTZKI

Nun, Korf?

KORF

Dafür!

BROTZKI

Dann kann ich nach Stimmenauszählung
bekanntgeben, dass die Mehrheit für eine
Regeländerung gestimmt hat.

KORF

Und du?

BROTZKI

Wieso ich?

KORF

Ich will wissen, wie du gestimmt hast?

BROTZKI

Das geht dich nichts an.
Es war eine geheime Abstimmung.

SILBERSTEIN

Was haben wir beschlossen?

BROTZKI

… dass Schwarz eröffnet.

SILBERSTEIN

Behaglich ist mir dabei nicht.

KORF

Beschlossen ist beschlossen.

SILBERSTEIN

Was ist, wenn wir eines Tages feststellen müssen, dass das Brett wieder andersherum steht?

BROTZKI

Wir stimmen wieder ab.

KORF

Ich meine, es wäre doch besser gewesen, wir hätten einfach das Brett gedreht.

SILBERSTEIN

Einfach, sagt der Kerl. Für mich ist es nicht einmal einfach, meine Sockenhalter abzulegen und das ist immerhin eine Sache, die nur mich etwas angeht.

BROTZKI

Erlaube, dass ich dir widerspreche.
Es wäre mir äußerst unangenehm, wenn du mit heruntergerutschten Socken an einem Tisch mit mir sitzen würdest.

SILBERSTEIN

Ist das dein Ernst?

BROTZKI

Sicher.

Ehrhard Schmidt, Eugen P. Herden, Gerd Micheel
Regie: Joachim Uhlitzsch

UA am Volkstheater Rostock 1989

KORF

Was ist, Silberstein, hast du plötzlich
einen Hang zum Plebejischen?

Silberstein

Dann starb der arme Kerl nicht grundlos.

BROTZKI

Welcher?

SILBERSTEIN

Der seine Sockenhalter abgelegt hatte.

KORF

… weint er?

BROTZKI

Macht dich der Gedanke depressiv?

SILBERSTEIN

Die Welt ist schlecht.

KORF

Silberstein und Weltschmerz, hihihi.
Ich pinkele mir gleich in die Hosen.

SILBERSTEIN

Die Welt ist schlechter,
als ich es mir vorstellen kann.

BROTZKI

Jetzt weißt du es. Jetzt spielen wir.

SILBERSTEIN

Ich kann in so einem Augenblick nicht spielen.

BROTZKI

Korf, setz dich. Wir spielen.

KORF

Also bitte.

BROTZKI

Was, also bitte?

KORF

Spielen wir.

BROTZKI

Na, dann eröffne endlich!

KORF

Wieso ich!

BROTZKI

Weil Schwarz eröffnet.

KORF

Es ist sicher! Jetzt habe ich den Beweis, dass ihr mich prüfen wollt! Seit vierzig Jahren eröffnet Weiß und nun, mit einem Mal, ist alles nicht mehr wahr!

SILBERSTEIN

Korf, du bist schwachsinnig und senil.
Wir haben gerade darüber abgestimmt, dass fortan Schwarz eröffnet. Versuche, dich zu erinnern.

KORF

Mag sein. Aber warum sitze ich da, wo Schwarz ist?

SILBERSTEIN

Weil mein Stuhl gerade frei ist und
du dich draufgesetzt hast.

KORF

Das habt ihr arrangiert.

BROTZKI

Er hat einen Verfolgungswahn.

SILBERSTEIN

Es ist so eine Sache mit dem Wahn.
Man kann daran kaputtgehen.

KORF

Ihr redet mir nichts ein. Ihr legt mich nicht
aufs Kreuz. Ihr nicht!
Ich werde es euch zeigen.

Er stellt seinen Stuhl seitlich zum Brett, setzt sich darauf und haucht sein Leben aus.

BROTZKI

Nein, Korf, so geht das nicht.
Die Spieler müssen sich gegenübersitzen.

SILBERSTEIN

Grinse nicht so blöd und setz dich wieder
an deinen Platz zurück, wenn du spielen willst.

BROTZKI

Warum der Mensch im Alter so störrisch wird?

SILBERSTEIN

Der war sein Leben lang bockbeinig.

BROTZKI

Schau nur, sein Grinsen.
Als wär's nicht von dieser Welt.

SILBERSTEIN

Ich fürchte, den Starrsinn brechen wir nicht mehr.

Brotzki

Seit wann gibst du auf?

SILBERSTEIN

Seit ich weiß, dass der Starrsinn namens
Tod nicht brechbar ist.

BROTZKI

Dieses Schwein! … Korf … Korf … Sag was!

SILBERSTEIN

(lacht aus vollem Halse)
Wenn ich mir vorstelle …

BROTZKI

Was!

SILBERSTEIN

… er hätte einen von uns umgebracht.
Gestern. Er würde es heute nicht glauben wollen.

BROTZKI

Nimm dich bitte zusammen.

SILBERSTEIN

Das Gesicht hätte ich sehen mögen.

BROTZKI

Er kann kein Gesicht mehr machen.

SILBERSTEIN

Und was ist das …?

BROTZKI

Die Totenstarre.

SILBERSTEIN

Auch ein Gesicht. Das letzte.

BROTZKI

Du hast recht.
Er wird immer als Letzter lachen.

SILBERSTEIN

Ich habe ihn gehasst. Hier drinnen habe ich
gefühlt, dass er falsch war.

BROTZKI

Nein, Silberstein, nein.
Wir müssen die Form wahren.

SILBERSTEIN

Er hat unser Leben zerstört.

BROTZKI

Irgendwann hat einer gehen müssen.
Wärst du es, es wäre dir nicht recht,
wenn er und ich so über dich sprächen.

SILBERSTEIN

Es wäre mir egal. Überhaupt ist mir jetzt alles egal.

BROTZKI

Was hast du vor?

SILBERSTEIN

Ich entledige mich meiner Sockenhalter.

BROTZKI

Der krumme Hund will mich überleben.

SILBERSTEIN

Hast du etwas gesagt?

BROTZKI

Nur, dass es mir nicht recht ist, wenn du dich deiner
Sockenhalter entledigst.
Du solltest meine Meinung akzeptieren.

SILBERSTEIN

Ohja, das mache ich.

BROTZKI

Trotzdem entledigst du dich deiner Sockenhalter?

SILBERSTEIN

Ja.

Brotzki

Und es stört dich nicht, wenn ich auf deine heruntergerutschten Socken starre?

Silberstein

Doch, ja!

Brotzki

Dann verstehe ich dich nicht.

Silberstein

Ich hänge nicht mehr am Leben.

Brotzki

Es könnte in der Tat dein verfrühter Tod sein.

Silberstein

Ich suche ihn.

Brotzki

Auch mir war er nicht gleichgültig. Doch deshalb werfe ich mein Leben nicht weg. Er würde es nicht wollen.
Nicht wahr, Korf? … Äähhh!

Silberstein

Wofür soll ich leben?

Brotzki

Das Spiel geht weiter.

Silberstein

Er ist tot. Wir zwei schaffen es nicht.

Brotzki

Wir schaffen es. Wir fangen ganz neu an.
Du ziehst deine Socken wieder stramm und dann reißen wir zwei beide der ganzen Welt den Arsch auf!

Silberstein

Wie soll es nach vierzig Jahren plötzlich zu zweit gehen.

Brotzki

Es geht. Es geht. Setz dich.

Silberstein

Wohin? Es sind nur zwei Stühle da.

BROTZKI

So? Das ist mir nie aufgefallen.

SILBERSTEIN

Nein?

BROTZKI

Nein.

SILBERSTEIN

Das ist doch nicht möglich.
Wie lange spielen wir schon Dame?

BROTZKI

Vierzig Jahre.

SILBERSTEIN

Vierzig Jahre und zwei Stühle nur und dir
ist es noch nie aufgefallen?

BROTZKI

Irgendwann hat es einmal einen Hocker gegeben.

SILBERSTEIN

Ich erinnere mich.

Er geht und holt einen Hocker, stellt ihn ab und nimmt darauf Platz.

BROTZKI

Gottlob, ich bin noch nicht senil.

SILBERSTEIN

(springt auf)
Nein, es kann nicht gelingen … Zu zweit.

BROTZKI

Versuch dir vorzustellen, Korf ist bei uns,
sitzt hier neben uns.

SILBERSTEIN

Wie könnte ich das, wo er doch dasitzt.

BROTZKI

Dann denke ihn weg und wieder hin.

SILBERSTEIN

Ich will's versuchen.

BROTZKI

Du eröffnest.

SILBERSTEIN

Warum ich?

Brotzki

Weil du Schwarz hast.

SILBERSTEIN

Seit wann eröffnet Schwarz?

BROTZKI

Seit ihr, Korf und du, darüber abgestimmt habt.

SILBERSTEIN

Wir?

BROTZKI

Ich war gegen diesen Schwachsinn.

SILBERSTEIN

Davon weiß ich nichts.

BROTZKI

Es war eine geheime Abstimmung.

SILBERSTEIN

Nun, wenn du dagegen warst,
belassen wir es bei der alten Regel.

BROTZKI

An mir soll es nicht liegen.
Aber wir sind es dem Toten schuldig.

SILBERSTEIN

Welchem Toten?

BROTZKI

Hier … Korf.

SILBERSTEIN

Den habe ich weggedacht. Hier ist kein Toter, dem ich etwas schulde. Schulden kann man nur Lebenden etwas.

BROTZKI

Wir müssen einen Konsens finden.

SILBERSTEIN

Was sollen wir großartig suchen. Vierzig Jahre lang hat Weiß eröffnet. So soll es sein.

BROTZKI

Wir verlieren unser Gesicht, wenn wir der
Demokratie in den Arsch treten.

SILBERSTEIN

Unser was?

BROTZKI

Von mir aus auch Spielerehre.

SILBERSTEIN

Hmmm!

BROTZKI

Du eröffnest.

SILBERSTEIN

Wie?

BROTZKI

Indem du einen Stein der ersten Reihe
zwei Felder vorrückst.

SILBERSTEIN

Ausgeschlossen!

BROTZKI

So wird's gemacht.

SILBERSTEIN

Ausgeschlossen, sag ich. In meinem Alter gleich
zwei Felder. Soll ich mich umbringen!

BROTZKI

Einen Kerl wie dich haut das nicht um.

SILBERSTEIN

Das weiß man immer erst hinterher.

BROTZKI

Trotzdem wirst du dich überwinden müssen.

SILBERSTEIN

Zwei Felder, sagst du.

BROTZKI

Zwei.

SILBERSTEIN

Ich mach dir einen Vorschlag.
Ich setze den Stein ein Feld vor und ein Feld zurück.
Das sind auch zwei Felder.

BROTZKI

Eins und eins macht zwei … Aber …

SILBERSTEIN

Zwei Felder.

BROTZKI

Das würde bedeuten … Das würde bedeuten …

SILBERSTEIN

Zwei Felder.

BROTZKI

… der Stein befindet sich wieder
auf seinem Ausgangspunkt.

SILBERSTEIN

Völlig richtig. Somit habe ich eröffnet
und du bist dran.

BROTZKI

… es ist wirklich schade, dass Korf
nicht mehr da ist.

SILBERSTEIN

Lenke bitte nicht ab.

BROTZKI

Wenn ich's recht bedenke, hätten wir Korf davon
überzeugen müssen, es ist ehernes Gesetz,
dass Weiß eröffnet.

SILBERSTEIN

Das ist meine Rede.

BROTZKI

Und wenn wir einmal annehmen, Korf wäre
überzeugt? Wer weiß es, außer uns!

SILBERSTEIN

Nehmen wir's an.

BROTZKI

Dann können wir die Abstimmung annullieren.

SILBERSTEIN

Der gute Korf. Ich hatte ihn gern.

BROTZKI

Weiß eröffnet.

SILBERSTEIN

Weiß eröffnet.

BROTZKI

Ich eröffne.

SILBERSTEIN

Mach's nicht so spannend.

BROTZKI

Ich setze diesen Stein …

SILBERSTEIN

Welchen?

BROTZKI

Diesen hier …

SILBERSTEIN

Aha!

BROTZKI

… ein Feld vor und ein Feld zurück.

SILBERSTEIN

… ich bitte darum.

BROTZKI

Ja.

SILBERSTEIN

Ja, ja … Dann mach's doch endlich.

BROTZKI

Habe ich.

SILBERSTEIN

Ich habe nichts gesehen.

BROTZKI

Wenn ich diesen Stein ein Feld vor und ein Feld zurück setze, befindet er sich wieder auf seinem Ausgangspunkt.

SILBERSTEIN

Den Zug kenne ich.

BROTZKI

Es ist die Silbersteineröffnung.

SILBERSTEIN

Hihihi! Ich wusste doch … Du elender Betrüger.

BROTZKI

Werde nicht ausfallend.

SILBERSTEIN

Du hast meinen Zug benutzt.

BROTZKI

Nicht ganz. Ich habe diesen Zug mit einem weißen Stein, du aber mit einem schwarzen Stein gemacht.

SILBERSTEIN

Dennoch hast du ihn gestohlen.

BROTZKI

Etwas Derartiges gibt es im Spiel nicht -
oder glaubst du, Herr Schäfer hat ein Monopol
auf seinen Zug und kassiert bei eventuellem
»Missbrauch«!?

SILBERSTEIN

Wer ist Herr Schäfer?

BROTZKI

Ich kenne ihn nicht.

SILBERSTEIN

Dann lass ihn gefälligst aus dem Spiel!

BROTZKI

Was erregst du dich?

SILBERSTEIN

Wie nicht! Du betrügst mich ganz offensichtlich,
berufst dich auf einen gewissen Schäfer, den niemand kennt und verlangst von mir,
ich soll die Ruhe bewahren.

BROTZKI

Silberstein, es ist ein Spiel, verstehst du?!
Nur ein Spiel.

SILBERSTEIN

Es war noch nie ein Spiel.
Das weißt du seit vierzig Jahren.

BROTZKI

Für mich war es Spiel!

SILBERSTEIN

Darum fällt dir auch das Betrügen so leicht.

BROTZKI

Vorsicht, Silberstein, nicht in diesem Ton.

SILBERSTEIN

Gerade in diesem Ton!

BROTZKI

Nicht in diesem Ton, sage ich!

SILBERSTEIN

Du kannst mich mal.

BROTZKI

Gut, wenn du so willst. Vielleicht interessiert
es dich, dass ich seit vierzig Jahren weiß,
wo sich Korfs Frau aufhält.

SILBERSTEIN

…

BROTZKI

Nur heraus damit.

SILBERSTEIN

Du … Du Lügner!

BROTZKI

Halt dein verdammtes Maul, du Aufschneider.

SILBERSTEIN

...

BROTZKI

Hast geglaubt, du hättest Korf in der Hand …

SILBERSTEIN

Brotzki!

BROTZKI

Ich hatte euch beide in der Hand.
Beide, verstehst du?

SILBERSTEIN

… und hast Korf damit leben lassen?

BROTZKI

Er ist tot!

SILBERSTEIN

Wo ist sie?

BROTZKI

Sie hat mir bestätigt, dass du nie Glück
bei den Frauen hattest.

SILBERSTEIN

Ich habe sie geliebt. Wo … Wo ist sie?

BROTZKI

Weit weg. In Marrakesh.

SILBERSTEIN

In Marrakesh. Warum bin ich nicht auf
Marrakesh gekommen?!

BROTZKI

Weil du senil und schwachsinnig bist.

SILBERSTEIN

Du elender Hund.
Warum hast du uns so leben lassen?

BROTZKI

Habt ihr es anders gewollt? Korf wollte sie los sein.
Du hast das große Maul gehabt.
Ich hatte euch durchschaut.

SILBERSTEIN

Lass uns spielen.

BROTZKI

Silberstein, du bist nicht mehr fähig … zu spielen.

SILBERSTEIN

Lass uns einmal nur spielen.

BROTZKI

Du hast ausgespielt.

Silberstein haucht sein Leben aus und sinkt mit dem Kopf auf die Platte.

BROTZKI

Ich besorge eine Vase aus der Ming-Zeit,
worin ich euer beider Asche
aufbewahren werde.
Vierzig Jahre.
Immer regelmässig gespielt.
Nein, Silberstein, diese Eröffnung
kenne ich nicht.
Sie ist unstatthaft.
Vielleicht spielt Korf mit dir.
Vielleicht.

Brotzki schleppt sich davon.
Ende

Ab einem bestimmten Grad der Vielfalt aller Erscheinungen unterscheidet sich diese für den Menschen nicht mehr von der Monotonie der Wüste. Es liegt nicht mehr in seinem Vermögen, die Vielfalt der Erscheinungen zu erfassen. Die angestrebte Unendlichkeit der Vielfalt entbehrt ebenso wie die Wüste eines wirklichen Sinns.
Was bleibt, ist die Vergangenheit, insbesondere die persönliche, die sinnlich erfahrbare, und eine Erinnerung daran ist der verzweifelte und untaugliche Versuch, einen Nagel ins Universum zu schlagen, an dem wir die Schlinge zu befestigen suchen.
Die größte menschliche Errungenschaft ist nicht die Musik, die Dichtung oder das als technische Revolution beschriebene Monstrum, sondern die einzigartige Fähigkeit zur Selbstzerstörung. In ihr liegt die ganze Hoffnung für die Schöpfung, von der wir nur ein geringer Teil sind.

SCHLINGE IM KOPF

Ein Totentanz

Personen

DENKER	- sein Name ist Hackbart
SCHEITELFRAU	- ihr Name ist Hackbart
MÖRDER	- sein Name ist Hackbart
HÄNDLER	- sein Name ist Hackbart
POLIZIST	- sein Name ist Hackbart
ANGESTELLTER	- sein Name ist vermutlich nicht Hackbart

Alle Personen mit dem Namen Hackbart tragen das Antlitz des Mörders, sogar die Scheitelfrau.

Wüste. Inmitten einer Sanddüne steht ein nicht näher definiertes Objekt. Nur einige wenige Eingeweihte, die allerdings nicht anwesend sind, wissen, dass es sich um ein Aleph handelt. Der Denker stolpert verloren auf die Bühne. Er ist ohne Hose. Er erblickt das Objekt, baut sich daneben auf und verharrt minutenlang, ohne eine Miene zu verziehen.

Die Scheitelfrau erscheint. Sie erblickt den Denker und schaut sich erst einmal ängstlich um. Dann bezieht sie ebenfalls Stellung.

SCHEITELFRAU

Guten Tag. … Kennen Sie den? Was ist, wenn die Wüste kommunistisch wird?

DENKER

…

SCHEITELFRAU

Eine Weile passiert gar nichts und dann wird der Sand Mangelware.

DENKER

…

SCHEITELFRAU

Warum nur ist es Ihnen unmöglich, einen freundlichen und aufrichtigen, ja, geradezu herzlichen Gruß zu erwidern. Ein Gespräch beginnt man immer mit einem freundlichen Gruß. Ein freundlicher Gruß ist wie ein Versprechen, eine Zusage und mehr noch ein Wiedererkennen im Sinne eine höheren Humanität, wenn Sie verstehen, was ich meine. Ein Mensch begegnet einem Menschen. Das ist nicht ohne Pathos. Ich bin ein Mensch und du bist ein Mensch und es ist gut. Ist es nicht eine grausame Welt, in der Gleichgültigkeit ausufert wie der sprichwörtliche Süße Brei im gleichnamigen Märchen?

DENKER

… Süßer Brei?

SCHEITELFRAU

Ja doch, Süßer Brei. Hat Ihnen Ihre Mutter nie das Märchen vom Süßen Brei erzählt? Das kann unmöglich sein. Sie müssen sich doch an das Märchen vom Süßen Brei erinnern, der unentwegt aus dem Topf quoll und sich über das ganze Land ergoss wie eine Hydra, wie entfesselte Polymere, wie die Filme Hollywoods, wie die Anglizismen, die sich einschleichen, wie Wanzen unter der Tapete oder diese geschmacksverstärkenden Hormone in der Fertignahrung, Sie wissen?

… Hören Sie mir überhaupt zu?

DENKER

Nein.

SCHEITELFRAU

Sie hören mir gar nicht zu?

DENKER

Nein.

SCHEITELFRAU

Finden Sie Uhr Verhalten nicht, wie soll ich sagen, … asozial?

DENKER

Nein.

SCHEITELFRAU

Warum nicht?

DENKER

Weil ich gerade arbeite. Das Recht auf Arbeit ist sogar in primitiven oder unterentwickelten Zivilisationen ein unbestrittenes. Zumindest hörte ich bislang noch nicht davon, dass es verboten sei, egal unter welchen Umständen auch immer. Sie sollten mich also nicht an meiner Arbeit hindern. Ich denke. Ich denke über ein wichtiges Problem nach. Ich bin von Beruf Denker, verstehen Sie? Das ist mein Beruf. Und wie wundervoll dieser Beruf ist, erkennen Sie bereits daran, dass sich das Substantiv und das Verb einzig in einem Konsonanten unterscheiden. Denker – denken. Denker – denken. Vom Schriftbild her ist es genaugenommen nur das winzige Häkchen, welches das r in ein n verwandelt. Man könnte dieses Häkchen in diesem Fall sogar vernachlässigen, denn in der ersten Person Singular fällt dieser Konsonant ohnehin weg, Sie verstehen?

SCHEITELFRAU

Natürlich verstehe ich Sie. Ich habe eine höhere Schulbildung und bin durchaus offen für geistige

Tätigkeiten. Ich vertrete bereits seit längerem die Ansicht, man sollte die Menschen danach klassifizieren, ob sie offen für geistige Tätigkeiten sind oder nicht.

DENKER

Klassifizieren?

SCHEITELFRAU

Ja, natürlich. Überhaupt ist die Klassifikation eine sehr sinnvolle Einrichtung. Klassifikation ist doch ein bedeutendes Ordnungsprinzip. Der Verlust von Werten ist eine Folge des Verlustes von Klassifikation. Am besten wäre es sogar, wenn jeder seine Klassifikation deutlich lesbar, in einer modernen Schrift, - denn das Auge liest ja schließlich mit -, auf der Brust tragen würde. Zum Beispiel könnte ein Arbeiter die Aufschrift „Manuell tätiges Mitglied der Gesellschaft“ tragen.

DENKER

Ich gebe zu bedenken, dass ein Mensch,
der mehrmals am Tag masturbiert und
sonst nichts tut, ebenfalls manuell tätig ist.
Ist er darum ein Arbeiter?

SCHEITELFRAU

Jetzt haben Sie es mir aber gegeben. In der Tat haben Sie da recht. Nun, es wäre ja auch zu einfach, wenn es so einfach wäre. Ich finde, genau diese Frage sollte auch einmal Gegenstand Ihrer Überlegungen sein. … Mein Sinnen gilt da mehr der Selbstbesinnung, Sie verstehen?

DENKER

Nein.

SCHEITELFRAU

Das macht nichts. Viele Intellektuelle in
unserem Land haben noch nicht bemerkt,
dass wir eine fundamentale Veränderung der
Gesellschaft erleben. Darf ich fragen,
womit Sie sich beschäftigen, Herr?

DENKER

Nein.

SCHEITELFRAU

Das meinte ich mit asozial. Ihnen mangelt es an Achtung gegenüber Ihren Mitmenschen.

DENKER

Das ist Blödsinn. Meine Antwort ist, wenngleich kurz und knapp gehalten und darum vielleicht etwas abweisend wirkend, durchaus mit dem gebührenden Ernst formuliert. Ich bin auf der Suche nach einer geeigneten Problemstellung für diese Woche.
Ich habe pünktlich am Freitag ein schwerwiegendes Problem bewältigt und abgeschlossen. Nun bin ich auf der Suche nach einem neuen, einem lohnenswerten Problem.
Es ist jede Woche dasselbe. Darum hasse ich den Montag. Montags beginnt die Suche nach den Inhalten und wenn man sie nicht rechtzeitig findet, dann schleicht sich die bösartige Versuchung ein, die eigene Existenz in Frage zu stellen.

SCHEITELFRAU

Aber heute ist bereits Dienstag.

DENKER

Sehen Sie, das ist es, was ich meine. Man vertut seine Zeit mit der Suche nach wirklichen Problemen und übersieht dabei das wichtigste aller Probleme, nämlich die Zeit. Ich sage Ihnen, die Zeit ist ein echtes Problem.
Man kann sie nicht einmal anhalten, um Zeit zu gewinnen. Vielmehr gibt es Momente in denen ich mir absolut sicher bin, dass sie, die Zeit, nur um mich in noch größere Bedrängnis zu bringen, schneller vergeht. …
Es ist also Dienstag?

SCHEITELFRAU

Ja.

DENKER

Sie sind sich sicher?

SCHEITELFRAU

Schauen Sie, was habe ich in meiner Rocktasche?

DENKER

Haschisch?

SCHEITELFRAU

Rosmarin. Dienstag ist der Tag des Rosmarins.
Das sollten Sie aber eigentlich wissen als
Intellektueller. An Dienstagen geht man großen
Wassern aus dem Wege, meidet ungerade Nummern
und trägt ein Bund Rosmarin bei sich.

DENKER

Warum ungerade Nummern?

SCHEITELFRAU

Die ungeraden Nummern taugen nichts.

DENKER

Das beantwortet meine Frage zwar nicht,
aber ein Irrtum ist ausgeschlossen?

SCHEITELFRAU

(Sie rafft ihren Rock in die Höhe, so dass ihre Unterhose sichtbar wird.)

Was lesen Sie?

DENKER

Tuesday.

SCHEITELFRAU

Das ist Englisch und bedeutet Dienstag.
Sind Sie nun überzeugt?

DENKER

Und bei den Engländern ist heute auch Dienstag?

SCHEITELFRAU

(Sie lacht schrill.)

Sie, … jetzt nehmen Sie mich aber auf den Arm.

DENKER

Ich bitte um Vergebung, Sie sind eine nette
Frau, wenngleich ich nicht verstehe, warum Sie

Ihr Haar so seltsam straff gescheitelt tragen.
Gestatten Sie mir eine Bitte?

SCHEITELFRAU

(Sie schaut sich erregt um.)
Mit einem Scheitel fällen Sie eine Entscheidung für das Leben. Sie entscheiden sich für eine Ordnung und nicht für irgendeine Ordnung, sondern für eine strenge Ordnung. Ein Scheitel demonstriert eine gewisse Charakterfestigkeit. Auch hat ein Scheitel etwas von einer Endgültigkeit und unter diesem Aspekt habe ich mein Leben immer gesehen. Geradlinig und unbeugsam. Große Männer und auch Frauen der Geschichte können Sie an ihrem Scheitel festmachen …
Nun aber zu Ihrer Bitte: Wenn diese Bitte im Rahmen aller Anständigkeit liegt, will ich mich wohl bereit erklären. Immerhin ist weit und breit niemand zu sehen. Es ist geradezu gähnend leer, wie Sie selbst wohl bemerken werden. Wenn Sie nicht anwesend wären, würde ich mich doch recht allein fühlen und mich vielleicht sogar ein wenig ängstigen. Sie müssen gestehn, dass es einer Fügung gleichkommt, dass wir hier einander begegenet sind. Und wenn ich schon dabei bin, so will ich Ihnen auch noch gestehen, dass ich sie durchaus sympathisch finde, wobei ich mir einen Zwang auferlege, um nicht das Wort ‚anziehend‘ zu benutzen. Dabei stört es mich wirklich nicht, dass Sie keine Hose tragen. Das wird von der Öffentlichkeit ja häufig als Ärgernis empfunden. Ich sehe das eher als einen Vertrauensbeweis, den ich durchaus zu würdigen weiß.

DENKER

Gestatten Sie mir nun endlich meine Bitte?

SCHEITELFRAU

Bitte, bitte, ich gewähre Ihnen alles.

Denker

Viel weniger … lediglich,
dass Sie gemeinsam mit mir …

Scheitelfrau

Ja … ?

Denker

… schweigen. Schweigen. Schweigen.

Scheitelfrau

Schweigen.

Denker

Schweigen. Damit würden Sie mir eine große Freude machen, denn dann könnte ich in meinen, wie Sie wohl bemerkt haben, für mich sehr wichtigen Überlegungen fortfahren.

Beide schweigen. Der Mörder betritt von beiden unbemerkt die Bühne und stellt sich an. Er hat einen unangenehmen Körpergeruch, der bald von der Scheitelfrau wahrgenommen wird. Sie tritt aus der Reihe und ein paar Schritte zurück. Der Mörder bemerkt ihren Rückzug und entschuldigt sich.

Mörder

Verzeihung. … Verzeihung. Ich kann da im Augenblick nichts gegen machen. Ich habe vor mehr als einer Woche das letzte Bad genommen. Das ist mir auch sehr unangenehm. Aber da kann ich jetzt wirklich nichts machen.

Scheitelfrau

(Versöhnlich)

Wissen Sie eigentlich, was sich die Menschen mit ihren täglichen Bädern antun? Sie zerstören ihre Widerstandskraft und wundern sich, wenn sie andauernd krank sind. Ich meine nicht die seelischen Krankheiten wie Schizophrenie, manische Depression oder günstigstenfalls eine leichte Schwermut, an die wir uns sowieso irgendwann dauerhaft gewöhnen müssen, weil diese Welt irgend wann jeden traurig macht. Nein, ich meine diese Erkrankungen, die wir mangels Abwehrkräften bekommen. Husten, Schnupfen, Hongkonggrippe, Herpes … verstehen Sie mich?

MÖRDER

Nein. Sie müssen wissen, ich habe in der Schule nie so recht aufgepasst. Ich bin eher selten in die Schule gegangen. Und darum habe ich nichts gelernt. Überhaupt musste ich in meinem Leben auf vieles verzichten.

SCHEITELFRAU

Also das finde ich sehr interessant, geradezu aufregend. Haben Sie als Kind arbeiten müssen?
Sie wissen, Kinderarbeit ist verboten.
Kommen Sie aus der Unterschicht?
Was war Ihr Vater von Beruf?

MÖRDER

Mein Vater war Richter am Obersten Gerichtshof.
… Das halten mir meine … naja, die Kumpels auch immer vor. Aber ich frage Sie,
kann man was für seinen Vater?

SCHEITELFRAU

Lassen Sie mich nachdenken. Nein. Nein, ich glaube nicht. Aber wie ich das sehe, ist das doch recht respektabel, wenn der Vater am Obersten Gerichtshof arbeitet.

(Sie flüstert.)

… Oder war er am Volksgerichtshof?

MÖRDER

Also da kann ich Ihnen jetzt darüber keine nähere Auskunft geben. Ich habe das Elternhaus schon sehr früh verlassen … müssen.

SCHEITELFRAU

So.

Mörder

Mit zwölf Jahren habe ich meinen ersten Banküberfall gemacht und da haben sie mich in die Anstalt weggeschlossen. Habe dann auch keinen Besuch mehr von meinem Vater bekommen, von wegen der Re-pu-ta-ti-on und so weiter.
Ich weiß nicht, was das ist, aber meine Mutter hat bei diesem Wort immer die Lippen gespitzt, dass es ganz wichtig klang. Ich bin erst wieder rausgekommen, als ich volljährig war.

Denker

Entschuldigen Sie, wenn ich mich in Ihr Gespräch einmische. Aber da Sie keine Rücksicht darauf nehmen, dass ich um ein kontinuierliches Denken bemüht bin, nehme ich doch gezwungenermaßen an Ihrem Gespräch teil. Das erscheint mir in Anbetracht der unaufhaltsam verstreichenden Zeit doch sinnvoller. Gestatten Sie mir daher eine Frage, mein Herr, denn wie ich glaube und rieche, verfügen Sie über ein gehöriges Maß Lebenserfahrung.
Darum interessiert es mich, wie Sie die Zeit zwischen Ihrem zwölften Lebensjahr und Ihrer Volljährigkeit verbracht haben. Meine Frage zielt dabei weniger auf die Details Ihres doch recht eingeschränkten Daseins, als vielmehr auf die philosophische Essenz aus dieser Erfahrung, quasi auf das wirklich Substanzielle.

Mörder

Also mein Herr, ich sag's Ihnen gleich, Sie müssen sehr vorsichtig mit mir umgehen. Ich hab's sogar schriftlich, dass ich unberechenbar und jähzornig bin. Hier lesen Sie.
(Er überreicht dem Denker ein zerschlissenes Blatt Papier.)
Das ist sowas wie mein Ausweis. Und ich sag's Ihnen gleich, dass Sie mir nicht auf die Hühneraugen treten, wie man poetisch sagt.

Es kann dann zu brenzlichen Situationen kommen,
in denen ich nicht mehr kontrollierbar bin.

SCHEITELFRAU

Was ist das, wenn ich einmal so direkt und
ungeniert fragen darf?

DENKER

Das ist eine Bescheinigung vom Anstaltsarzt,
dass der Herr nur bedingt zurechnungsfähig ist
und darum nicht auf ihn geschossen werden darf,
wenn er außer Kontrolle gerät. … Sie wissen, mein
Herr, dass Sie damit einen wahren Schatz besitzen,
um den ich Sie wirklich beneide? Verstehen Sie recht
ich bin kein menschliches Wesen, welches die
Selbstkontrolle verliert. Allein, meine gedanklichen
Ausschweifungen werden gelegentlich mit der
beschriebenen Unart gleichgesetzt.
Der Staat als ein gegen den Geist gerichtetes,
restriktives Instrument neigt leider zu übertriebenen
Reaktionen. Nicht, dass Sie mich jetzt für einen
Anarchisten halten, der ich ganz gewiss nicht bin.
Ich weiß meinen Sozialversicherungs- und
Rentenanspruch durchaus zu schätzen.
Jedoch bedaure ich die mangelhafte Flexibilität
des Staates im Denken …

SCHEITELFRAU

Was für eine Anstalt?
Verzeihen Sie mir meine Neugierde,
aber das würde ich doch zu gerne wissen?

DENKER

Die hiesige Haftanstalt, meine Dame,
die hiesige Haftanstalt. Der Strafvollzug.

SCHEITELFRAU

Sagen Sie, dass das nicht wahr ist!

DENKER

Tut mir leid, aber der Herr ist ein echter Knacki.

Mörder

Das sollten Sie aber jetzt so nicht sagen.
Ich könnte sehr leicht außer Kontrolle geraten
und Ihnen einen oder auch beide Arme brechen.

Denker

Und Sie sollten nicht glauben, dass ich vor physischer Gewalt zurückweichen würde, wenn eine heroische Tat erforderlich wäre. Allein, ich sehe keinen gewichtigen Grund, mit Ihnen zu streiten. Also nehme ich das Wort Knacki zurück. Wir leben in einer Demokratie und da verbietet es der Anstand und das geschriebene Recht, einem Bürger, der seine Taten gebüßt hat, diese nachzutragen. Ist das so in Ordnung für Sie, mein Herr?

Der Mörder schaut hilfesuchend zur Scheitelfrau. Die nickt ihm zu und bedeutet ihm, er solle die Entschuldigung annehmen. Also nickt er verzeihend.

Denker

Im Übrigen war mein Vater auch Richter. Und er wurde sogar das Opfer einer blutigen kriminellen Tat, die bis auf den heutigen Tag nicht aufgeklärt wurde. Ich will Ihnen damit nur zu verstehen geben, dass ich allen Grund hätte, kriminellen Subjekten mit entsprechender Ablehnung zu begegenen.
Sie verstehen?

Scheitelfrau

Wenn ich das richtig sehe sind Sie eines der zahllosen Opfer dieser Gesellschaft und der Justiz? Lassen Sie mich raten. Ihre Kindheit war geprägt von Lieblosigkeit. Ihre Eltern waren nie für Sie da, wenn Sie sie brauchten. Zuwendungen waren nur materieller Art und nachts weinten Sie in ihr seidenes, besticktes Kissen vor lauter Sehnsucht nach elterlicher Zuwendung. Schließlich begingen Sie eine kriminelle Tat, um auf diesen Missstand aufmerksam zu machen. Doch anstatt diesen Hilfeschrei richtig zu deuten, hat man Sie weggeschlossen wie ein wildes Tier, dass in der Gesellschaft keinen Platz hat. Ihre Geschichte überwältigt mich.

MÖRDER

Ja. Genau so war's und hat auch genau so in der Zeitung gestanden. Meine … Naja, die Kumpels haben mir vorgelesen und gesagt, an die Geschichte soll ich mich halten.

SCHEITELFRAU

Das verstehe ich nicht.

MÖRDER

Ach, wissen sie, wenn ich mir jedesmal den Kopf zerbrochen hätte, wenn ich was nicht verstanden habe, dann wäre er mir bald zerplatzt. Peng, wie wenn er von einem Dumdumgeschoss getroffen worden wäre.

(Er lacht.)

SCHEITELFRAU

Ist das nicht rührend?

DENKER

Sie habe mir meine Frage noch nicht beantwortet.

MÖRDER

Was für eine Frage?

SCHEITELFRAU

Was Sie in der Zeit Ihres Gefängnisaufenthaltes gemacht haben.

MÖRDER

Also hauptsächlich habe ich mich damit beschäftigt, das Wort Re-pu-ta-ti-on auswendig zu lernen. Ich habe mir immer gedacht, wenn ich das Wort Reputation aussprechen kann, wird mir das im Leben weiterhelfen. Es ist so etwas wie ein Zauberwort. Als mich der Haftrichter einmal während einer Haftprüfung fragte, was ich denn im Leben einmal erreichen wolle, habe ich nur gesagt, ich wolle eine anständige Re-pu-ta-ti-on erlangen.

Und ob Sie es glauben oder nicht,
ich bin damals zwei Jahre früher rausgekommen.

DENKER

Also vor Ihrer Volljährigkeit?

MÖRDER

Nein, das war später, ich glaube nach dem Raubmord an einen Juwelier.

SCHEITELFRAU

Na, das habe ich mir doch fast gedacht. Man hat Sie auch nach Ihrer Entlassung ohne eine seelische Hilfestellung gelassen und Sie beinahe zwangsläufig, so möchte ich es einmal kühn formulieren, auf die schiefe Bahn gedrängt. Das kann diese feige Bürgerbande wirklich gut, die Schwachen und Hilflosen in die Gosse drängen, bis sie vor lauter Verzweiflung nicht mehr ein noch aus wissen und Verweifelungstaten begehen. Darauf wartet diese Gesellschaft doch nur, um ihre Sensationslust zu befriedigen und die armen Kreaturen auszugrenzen, einzusperren und mundtot zu machen.
Ich glaube, mir wird übel.
Ich muss mich übergeben.

MÖRDER

Wie Sie das sagen, toll. … Ich hatte keine Kohle, und ein anständiges Automobil hatte ich auch nicht. Wie stellen die sich das denn vor?
Meine Mieze wollte auch mal durch die Stadt kutschiert werden. War nichts. Ich habe ihr Trost gegeben und gesagt: »Warte mal Mieze, bald habe ich auch ein Auto und dann kutschiere ich dich auch durch die Stadt.« Hat aber nichts genützt und ehe ich ein Auto hatte, hatte ein anderer Macker die Hände an der Mieze ihren Rücken und so. Naja, hat mir dann auch leid getan, dass ich der Mieze ein Ohr abgeschnitten habe. Ein Kumpel hatte mir erzählt, dass das großen Eindruck auf die Miezen macht, das Ohrabschneiden. Aber der hat mir das falsch erzählt.

Ich hätte mir das Ohr abschneiden müssen.
Naja, dann war es auch zu spät und ich saß im Kahn.

DENKER

Ihre Worte stimmen mich ziemlich nachdenklich. Das heißt, Sie haben eine länger bemessene Zeit an Orten zugebracht, an denen die Zeit verging, ohne dass Sie sich diesem Verlust an Zeit widersetzen konnten.

Der Mörder schaut die Scheitelfrau hilfesuchend an.

SCHEITELFRAU

Der Herr will wissen, wie lange Sie hinter Gittern verbracht haben.

Der Mörder streift seine Ärmel hoch und zählt seine Tätowierungen.

MÖRDER

So an die fünfzehn Jahre. Ich müsste noch unterhalb vom Gürtel nachschauen, aber …
ich geniere mich vor der Dame.

SCHEITELFRAU

Wie rührend. Doch ich bin eine aufgeklärte und, ja, das kann ich wohl mit Recht von mir behaupten, eine sozial-kämpferische Frau.
Ich kann Ihr Schamgefühl nachvollziehen und Sie brauchen sich meinetwegen nicht …
Tun Sie, als wären Sie bei einem Arzt.

DENKER

Ich bitte Sie inständig, den Herrn nicht davon zu überzeugen, dass er seine Hose herunterläßt.

SCHEITELFRAU

Bitte, bitte …
(Pause)
Kann mir jemand sagen, wann der Bus kommen wird? Mir ist diese Haltestelle nie vorher

aufgefallen. Das ist doch eine Haltestelle, oder? Ich hatte keine Ahnung, dass hier ein Bus fährt … Gewöhnlich laufe ich bis ans Ende des Tals und steige an der Haltestelle vor der Strafanstalt zu. Sie müssen wissen, ich verabscheue das Autofahren. Ich fühle meine Identität gefährdet in so einem Blechbehälter. Man wird doch sofort klassifiziert nach der Größe des Vehikels. Wie Sie wissen, habe ich nichts gegen eine Klassifikation. Doch sollte diese mehr nach den inneren Werten stattfinden. Alles andere wäre ja doch einer ständigen Manipulation unterworfen. …

MÖRDER

Wo ist die Hose?

DENKER

Ich weiß es nicht. Ich weiß nicht einmal, wo der Montag geblieben ist. Ich würde, wenn ich die Wahrscheinlichkeit bemühe, darauf tippen, dass sich meine Hose auf der Lehne desStuhles neben meinem Bett befindet. Aber, wie gesagt, das ist nicht mehr als eine bloße Spekulation, hypothetisch gewissermaßen. Über den Verbleib meiner anderen Hose vermag ich konkretere Angaben zu machen. Die befindet sich … potztausend … auch das ist mir entfallen. Wie ist das möglich …

Der Händler erscheint. Er ist ein agiler Mann, der stets abschätzt.

HÄNDLER

58 oder? 58! … Vielleicht 57 … aber eher 58.

Scheitelfrau

Wie bitte? Ich verstehe nicht.

HÄNDLER

58 Kilogramm. Sie wiegen 58 Kilogramm.

SCHEITELFRAU

Ich wiege 56 Kilogramm, mein Herr.

HÄNDLER

58. … 58, sage ich und kein Gramm weniger. Darf ich Sie einmal anheben?

SCHEITELFRAU

Unterstehen Sie sich. Wenn Sie Hand an mich legen, werde ich diesen Herrn um Beistand bitten. Er ist qualifiziert für Situationen mit gewalttätigem Charakter oder glauben Sie mir nicht?

HÄNDLER

Sind Sie Boxmanager?

DENKER

Er ist Raubmörder.

HÄNDLER

Das ist interessant. Sind Sie dabei mehr Räuber oder mehr Mörder? … Ha, hahaha … das war nur ein Scherz. Ich bin Händler und wenn Sie etwas zu verkaufen haben, dann sollten Sie es mir anbieten. Ich nehme Ihnen beinahe alles ab … außer Leichen. Dafür habe ich keine Verwendung und man wird sie so schlecht wieder los. Hahaha … 1,90?

MÖRDER

Hä?

HÄNDLER

Sie sind 1,90 Meter groß, richtig?

SCHEITELFRAU

Ich weiß nicht, was Sie das angehen sollte?
Im Übrigen wirkt der Herr sehr groß wegen seiner enormen Ausstrahlung. Ich schätze, er ist nicht größer als 1,85 Meter. Er ist ein Mann des harten Lebens, das sieht man doch gleich.
Das formt, das ist ihm ins Antlitz geschrieben.

HÄNDLER

Er riecht nicht besonders angenehm.

SCHEITELFRAU

Was soll das bedeuten, Sie Ignorant?!
Er verströmt seinen ureigensten Körpergeruch.

Die Bedeutung dessen können Sie gar nicht
ermessen. Sie sind doch so ein Erfolgstyp,
der sich unentwegt deodoriert und parfümiert,
um der Gesellschaft zu gefallen. Wissen Sie,
wie ich das nenne? Arschkriecherei! Oder um
es deodorierter zu formulieren, Opportunismus.
Dabei verleugnen Sie Ihre Natur, wie Ihren Geruch.
Ich wette, Sie tragen Einlagen, um größer zu wirken.
Stimmt's? … Stimmt's? …
Keine Antwort ist auch eine Antwort.
Aber lassen Sie es sich gesagt sein!
Ihre Ausstrahlung ist erbärmlich.

DENKER

Ich bitte Sie, warum brechen Sie einen Streit
vom Zaun. Was hat der Herr Ihnen denn getan?
Er ist ein Händler, na und?
Es gibt Schlimmeres.
Ich finde Raubmörder
auch nicht gerade erstrebenswert.

SCHEITELFRAU

*(Sie ist jetzt hochgradig empört, schreit und
wird dabei immer schriller.)*
Sie … Sie haben mir gerade noch gefehlt.
Die ganze Zeit, in der ich gezwungen bin diesen
Ort mit Ihnen zu teilen, haben Sie noch nicht
einmal für oder gegen etwas Stellung bezogen.
Sie haben doch, wie es scheint, mit Ihrer Hose
auch Ihren Arsch vergessen!
*(Sie ist über ihre Wortwahl zutiefst erschrocken
und schweigt abrupt.)*

HÄNDLER

Möchten Sie einen Witz hören?

DENKER

Nein.

HÄNDLER

Schon gut.
Dann lassen Sie uns ein wenig Handel treiben.

(Er spricht den Mörder an.)
Wollen Sie?

MÖRDER

(Er ist begeistert.)
Ja, gern. Das habe ich als Kind gespielt und
am Ende, wenn ich kein Geld mehr hatte,
habe ich den Kaufmannsladen überfallen.

HÄNDLER

(Er lacht.)
Hahaha … den kannte ich noch nicht … Fein.
Also, was hätten Sie denn anzubieten?

MÖRDER

Nichts.

HÄNDLER

Das ist ein Irrtum. Jeder hat etwas anzubieten.
Die wenigsten Menschen haben allerdings genug
Fantasie, um sich vorzustellen,
was sich alles für den Handel eignet.
Ganz im Vertrauen, ich habe schon Heizdecken
nach Äquatorialguinea verkauft, Kaviar nach
Russland und Panzer nach Indonesien.
Was glauben Sie, wie die dort rosten. Also, ich
könnte Ihnen Geld für Ihre Organe anbieten.
Nieren, zum Beispiel, gehen gut. Aber zum einen
möchte ich mich nicht mit der Dame anlegen und
zum anderen laufe ich Gefahr, dass Ihnen die Organe
beim nächsten Juwelierbesuch durchlöchert werden.
Das nennt man Berufsrisiko und als Profi habe ich
einen Blick dafür. Also lassen Sie uns über die Dinge
reden, die ich als sichere Bank bezeichnen würde.
Wo lassen Sie schneidern? Ihr Anzug …

MÖRDER

Das ist Gefängniskleidung.
Die gehört dem Staat.
Sobald ich neue Kleidung habe,
schicke ich diese hier zurück.

Händler

Recht so. Sehr redlich, meinen Respekt.
Was haben wir denn in den Taschen.
Ein Blatt Papier.
(Er liest.)
Na, wenn das nichts ist. Ich sage Ihnen,
damit kommen wir ins Geschäft.
Dieses Attest ist fast soviel wert,
wie ein Schweizer Pass für einen Angolaner.

Scheitelfrau

Sie sollten sich nicht länger mit diesem Herrn
abgeben. Das ist doch geschmacklos, was er mit
Ihnen vorhat. Sie werden ihm doch nicht dieses
Attest verkaufen. Sie sind von der Gesellschaft
stigmatisiert, gezeichnet. Sie haben das Kainsmal.
Wenn Sie dieses Papier aus den Händen geben,
werden Sie der Welt schutzlos ausgeliefert sein.
Vertrauen Sie mir. Dieser Mann hat keine Seele.
Er ist ein Händler. Händler haben weder eine
Weltanschauung, noch einen Charakter.
(Zum Denker)
Nun unterstützen Sie mich doch.
Machen Sie etwas …

Denker

Ich bin Denker und kein Macher.

Scheitelfrau

Ich werde es nicht zulassen, dass Sie mit diesem
Menschen Geschäfte machen.
Geben Sie das Blatt sofort zurück. …
Ich werde …

Der Mörder zieht blitzschnell eine Pistole aus der Tasche und erschießt die Scheitelfrau.

Mörder

Wieviel?

Händler

Jetzt bringen Sie mich aber wirklich in Verlegenheit.

Mörder

Wieviel?

Händler

Fünf?

Mörder

Fünf was?

Händler

Ich weiß nicht.

Mörder

Das Busgeld und Ihren Anzug.

Händler

Ich weiß nicht. Was sagen Sie denn dazu?

Denker

Wozu?

Händler

(Er schreit und deutet auf die Tote.)
Zu alledem!

Denker

Mir gefällt nicht, wie sie ihr Haar trägt.
Aber das hat wohl etwas mit ihrem Charakter
zu tun. Diese Strenge … wenngleich, im Grunde
ist sie doch eher eine schwache Person, esoterisch,
wenn Sie verstehen, was ich meine. Ihr Drang nach
Nähe, ihre beinahe lästige Anhänglichkeit.
Sie sieht blass aus, finden Sie nicht?

Händler

Das kommt, weil sie tot ist. Sie ist tot, tot, tot.

Denker

Jetzt werden Sie doch nicht gleich hysterisch.

Händler

Mein Gott, ich will doch nur ein wenig Handel
treiben. Handel verbindet, beschwichtigt,

vereint, schafft eine gemeinsame Sprache, beflügelt die Wirtschaft, den intellektuellen Austausch.
Der Prophet Mohammed hat die Witwe eines Händlers geheiratet und daraus seinen intellektuellen und, ja, ich gestehe, auch wirtschaftlichen Nutzen gezogen.
Was also ist daran schlecht, wenn man Händler ist.

DENKER

Wie kommen Sie jetzt auf den Propheten Mohammed?

HÄNDLER

Ich weiß nicht. An irgendwen muss man sich doch halten, oder? Ich wünschte, ich wäre jetzt betrunken oder auf Mallorca oder betrunken auf Mallorca.

MÖRDER

Wieviel?

HÄNDLER

Fünfhundert und Sie schaffen die Dame hier weg.

Der Händler zahlt dem Mörder das Geld. Der Mörder zerrt die Leiche der Scheitelfrau hinter die Bühne, kehrt zurück und stellt sich in die Reihe der Wartenden.

HÄNDLER

(Flüsternd zum Denker)
Glauben Sie, er unternimmt etwas, wenn ich jetzt einfach fortgehe?

DENKER

Wer?

HÄNDLER

(Er deutet auf den Mörder.)
Er …

DENKER

Wohin wollen Sie?

HÄNDLER

In diese Richtung oder vielleicht in diese, …
was weiß ich. Das ist doch auch belanglos,
in welche Richtung und wohin.
Die Frage ist doch vielmehr, ob ich gehe.

DENKER

Ich verstehe. Sie sind auch der Meinung,
dass die Bewegung alles und das Ziel nichts ist.
Darüber habe ich selbst häufig nachgedacht.
Allerdings ohne nennenswerten Erfolg.
Vermutlich ist das auch der Grund, warum ich
hier stehe. Andererseits sehe ich eine gewisse
Unausweichlichkeit für die Vorgänge.
Es liegt ein tieferer Sinn in der Tatsache meiner
Anwesenheit hier und ebenso in der Ihrigen und
auch in der seinigen, verstehen Sie?
Machen wir uns doch nichts vor.
Wir haben es nicht in der Hand.

HÄNDLER

Was?

DENKER

Unser Schicksal.

HÄNDLER

Oh, mein Gott, meine Beine tragen mich nicht mehr.
Ich wollt, ich wär ein Huhn
oder so etwas Ähnliches …

Ein Polizist erscheint. Er betrachtet die Anwesenden, zieht verschiedene Fahndungsfotos aus der Tasche und vergleicht. Schließlich steckt er sie wieder ein.

POLIZIST

Sagen Sie, meine Herren,
wie finden Sie das Wetter?

DENKER

(Er ist misstrauisch.)
Gestatten Sie die Gegenfrage, ist Ihre Frage ernsthafter Natur oder nur rhetorisch? Versteckt sich vielleicht in Ihrer verführerisch schlichten Formulierung eine psychologische Spitzfindigkeit, mit der Sie uns in irgendeine Falle locken wollen. Wenn ja, so werde ich von meinem Schweigerecht Gebrauch machen. Das werden Sie doch akzeptieren?

POLIZIST

Ich verstehe Sie, mein Herr. Ich würde an Ihrer Stelle ebenso argwöhnen. Ich verstehe Sie sogar sehr gut. Auch ich habe unentwegt zu entscheiden, ob etwas Schein oder Sein ist. Darum verüble ich Ihnen die Antwort nicht. Ich möchte sie vielmehr auffordern, es an einer gewissen Renitenz oder von mir aus auch Aufmüpfigkeit nicht mangeln zu lassen. Dadurch sind wir Polizisten immer wieder gezwungen, uns die drei Grundregeln der Demokratie ins Gedächtnis zu rufen. Als Uniformträger ist man häufig versucht, diese Regeln außer Kraft zu setzen. Warum? … Nun, weil es einfacher ist. Angenommen,
(Er zeigt kurz auf den Mörder und wendet sich wieder von ihm ab.)
dieser Herr hier wäre auf der Flucht vor dem Gesetz, weil … er auf einem Kinderspielplatz sein Genital öffentlich gezeigt hat oder weil … weil … ja, gehen wir nur aufs Ganze, weil er ein Mörder ist, so könnte ich ihn dingfest machen. Ich habe hier ein Bild von einem entsprungenen Mörder. Schauen Sie. Sie müssen doch gestehen, dass dieser Herr
(Er zeigt wiederum auf den Mörder und wendet sich ab.)

eine gewisse Ähnlichkeit
mit dem Gesuchten aufweist.

HÄNDLER

Wenn eine gewisse Ähnlichkeit existiert,
dann sollten Sie den Herrn überprüfen …

Der Mörder zieht seine Pistole und zielt auf den Hinterkopf des Polizisten.

POLIZIST

Falsch. Das ist psychologisch betrachtet ganz
und gar falsch. Warum? … Also da gibt es einen
Grund, den Sie vielleicht gar nicht erahnen können.
Aufgemerkt: Davor steht meine Ethik!
Wissen Sie was Ethik ist?
Sie vielleicht? Sehen Sie, jetzt sind Sie sprachlos,
fast ein wenig verwirrt.
Aber ich sage Ihnen, ich unterscheide mich nicht
vom normalen Menschen, wenn es um die Liebe
zu Selbigem geht. Sie denken, der ist Polizist, ein
knüppelschwingender Rohling, abgebrüht, brutal und
was weiß ich alles. Das stimmt so nicht. Natürlich
gibt es Augenblicke, in denen ich vor meiner eigenen
Kaltblütigkeit zurückschrecke. Ich denke im Nach-
hinein immer an die seelische Verfassung derer,
die in meine stahlkalten Augen zu schauen
gezwungen sind. Manche haben innerhalb von
Minuten graue Haare bekommen. Andere müssen in
psychiatrische Behandlung, weil sie Sprach- und
Schlafstörungen haben. Wieder andere erleiden eine
unheilbare Impotenz und nicht selten, und das halte
ich mir zugute, sitzt der Schock so tief, dass sie aller
Unredlichkeit abschwören und gute Bürger sind bis
ans Ende ihrer Tage. Sie dürfen nicht vergessen, dass
diese Menschen krank sind. Sie sind nur in sehr
begrenztem Maße für ihre Taten verantwortlich zu
machen. Sie werden wegen ihrer Gene als Gefallene
geboren.

Ganz im Vertrauen, ich bin ja für Lobotomie.
Aber wie gesagt, das muss unter uns bleiben.
Irgendwann wird man offen darüber reden können
und dann werden Sie sich zurück erinnern und
sagen: Da war doch dieser ungewöhnliche
Polizist, der hat schon damals … und so weiter.
Und wenn Sie sich erinnern, dann sollte Ihnen
mein Name wieder einfallen. Hackbart. Hackbart.
Hackbart. Ja, der Hackbart, das war schon ein
ungewöhnlicher Polizist.
… Und nun zu Ihrer Frage, warum ich den Herrn
nicht überprüfe. Ich habe jetzt Mittagspause.
Wenn ich in meiner Mittagspause gegen meine, durch
die Gewerkschaft erkämpften Rechte verstoße, droht
mir ein Disziplinarverfahren. Und was bedeutet ein
Disziplinarverfahren? Karriereknick!

HÄNDLER

Aber es braucht doch niemand erfahren,
dass Sie die Amtshandlung in der Mittagspause
vorgenommen haben!

POLIZIST

Wieder falsch. Ich muss darüber einen Bericht
schreiben und was soll ich in diesen Bericht
hineinschreiben?
Etwa, dass die Amtshandlung um fünf Minuten vor
Zwölf Uhr durchgeführt wurde, obwohl ich sie aber
5 Minuten nach Zwölf Uhr durchgeführt habe?
Und angenommen, der Herr entpuppt sich,
rein hypothetisch betrachtet, als der gesuchte
Mörder! Dann wird er ein Protokoll unterschreiben
müssen, in welchem die Unwahrheit, eine Lüge
geschrieben steht!
Wie stehe ich dann vor dem Herrn Mörder da,
als Lügner nämlich. Glauben Sie, das wäre
eine vertrauensbildende Maßnahme?

Glauben Sie, ich könnte diesem Mann
noch einmal in die Augen schauen?
Meine ganze Ethik wäre doch im Arsch.

DENKER

Und wenn Sie ihn einfach erschießen?
Wir könnten bezeugen, dass er Sie mit einer Waffe
bedroht hat, mal rein hypothetisch gesprochen.

POLIZIST

Eine wirklich gute Frage, auf die ich ganz
insgeheim gewartet habe. An diesem Punkt,
quasi auf Ihr Stichwort, beginne ich die
drei Grundregeln der Demokratie zu repetieren.

Er repetiert die drei Grundregeln der Demokratie, wobei er sichtlich Mühe hat.

HÄNDLER

Scheiße …
(Er fällt in Ohnmacht.)

POLIZIST

Das Geheimnis besteht immer darin,
sich nicht zum Handeln zwingen zu lassen.
Nur wenn man aus eigenem Antrieb handelt,
behält man die Übersicht.
Ich sage Ihnen das wirklich ganz im Vertrauen,
denn Sie scheinen mir eine durchaus
vertrauenswürdige Person zu sein …
obgleich vielleicht ein wenig zu kritisch
im Geist, es gerät schon seit einiger Zeit
alles aus dem Ruder.

DENKER

Was Sie nicht sagen.

POLIZIST

Ich will Sie nicht erschrecken. Aber das Chaos
ist schlimmer, als Sie es sich vorstellen können.

DENKER

Könnten Sie mir das genauer erklären?

POLIZIST

Nein, leider nicht. Tut mir leid. Tut mir wirklich leid.
Da würde ich das Dienstgeheimnis verletzten.
Und das Dienstgeheimnis ist heilig.
Aus dem Dienstgeheimnis ziehe ich noch immer die Gewissheit, eine wichtige, weil amtsführende Person zu sein. Das Ausfüllen eines Formulars ist an sich schon eine erhebende Tätigkeit.
Aber das gewisse Etwas, wenn ich das einmal so jugendlich formulieren darf, bringt erst das Amtsgeheimnis.

DENKER

Das verstehe ich selbstverständlich.

POLIZIST

Das können Sie gar nicht verstehen,
denn der Witz bei der Sache ist doch,
selbst wenn es nichts geheim zu halten gibt,
existiert doch die Pflicht zu Geheimhaltung.
Verstehen Sie, was ich meine?

DENKER

Ja, natürlich. Die Geheimhaltung steht über
den Dingen, eine Unumstößlichkeit,
eine metaphysische Segnung.

POLIZIST

Sie haben das wunderbar formuliert.
Das muss ich mir notieren.
… Metaphysische Segnung
… Unumstößlichkeit …

DENKER

Schreiben Sie ruhig noch »religiöse Qualität« dazu.

POLIZIST

Also jetzt haben Sie mich ganz empfindlich
berührt und ich gestehe es frei heraus,
Sie sehen mich mit den Tränen kämpfend.

Der Mörder steckt die Pistole weg und beginnt leise zu weinen.

POLIZIST

Da sehen Sie, was Sie angerichtet haben.
Er weint und er ist … ist er tot? Sie, he …
(*Er tätschelt dem Händler die Wangen.*)
Was ist mit Ihnen … Habe ich Sie erschreckt
mit meinem Gerede vom Chaos. Das tut mir
wirklich leid. Aber ich wurde von meinem Vater
stets zur Aufrichtigkeit erzogen und ich sehe keinen
Grund, mit der Wahrheit hinterm Berg zu halten.

HÄNDLER

Lassen Sie mich raten, Ihr Vater war Polizist.

POLIZIST

Der Kandidat hat nur 99 Punkte, ha, hahaha …
Er war Richter.

Der Händler weint jetzt hemmungslos.

POLIZIST

So, jetzt habe ich genug geplaudert.
Selbst eine Gewerkschaft kann mich nicht
daran hindern, in der Mittagspause ein
wachsames Auge zu haben. Meine Herren,
Adschüss und Horido und Weidmannsheil!

HÄNDLER

Um Himmels Willen, gehen Sie nicht.
Sie müssen … Sie dürfen nicht …
Sie können doch …

POLIZIST

Sie sehen mich erstaunt, och …
Was wollen Sie mir sagen, mein Herr?

DENKER

Der Herr will Ihnen bedeuten, dass Ihre Anwesenheit
eine große Bereicherung und Beruhigung für ihn war
und dass er Sie bitten möchte, noch ein wenig zu
bleiben, um vielleicht etwas von Ihrem Vater zu
erzählen, der doch eine aufrichtiger Mann gewesen
sein muss, tugendhaft und … der inzwischen tot ist?

POLIZIST

… in der Tat. Ob Sie es glauben oder nicht.
Er wurde Opfer einer hinterlistigen und
geradezu bestialischen Bluttat, die, und hier
liegt der Hase im Pfeffer, noch immer ungesühnt ist.
Diese Tat hat mein Leben verändert …

DENKER

Lassen Sie mich raten. Diese Tat war der Grund
dafür, dass Sie Polizist geworden sind …
Dieses Klischee hätten Sie uns nun wirklich
ersparen können.

POLIZIST

Klischee hin, Klischee her. Das Leben ist
eine Anhäufung von Banalitäten und niemand
vermag letztlich Banalitäten zu verhindern.
Ihr Einwurf betrübt mich darum zutiefst.

HÄNDLER

Reden Sie weiter, reden Sie. Erzählen Sie uns
die ganze Geschichte. Gehen Sie nicht weg.

MÖRDER

Vielleicht wollen Sie meine Geschichte hören.
Ich würde Sie ihnen gern erzählen.

DENKER

Ich bitte Sie, drängen Sie sich doch nicht so
in den Vordergrund. Was können Sie schon
erzählen, was interessanter sein sollte als die
Geschichte eines Polizisten, Herr … Herr …
Wie war doch gleich Ihr Name?

MÖRDER

Hackbart.

DENKER

… Herr Hackbart. Ich glaube nicht, dass wir so
schnell wieder einmal das Vergnügen haben werden,
die Geschichte eines Polizisten und seines Vaters zu
erfahren. … Auch noch aus seinem eigenen Mund.
Bitte, Herr Hackbart. Erzählen Sie …

HÄNDLER

(Seine verzweifelte Frage bleibt völlig unbeachtet.)
Warum naht keine Rettung?
Warum kommt jetzt kein Bus?
Ich wollte es werde Nacht oder ein Bus käme …

POLIZIST

Jetzt schmeicheln Sie mir aber und wenn ich nicht gerade Mittagspause hätte, würde ich Sie verwarnen. Auch allzu große Schmeichelei könnte als Beamtenbestechung ausgelegt werden, insbesondere bei einem Polizisten … Aber ich sehe keine Falschheit in Ihren Worten und darum gehe ich davon aus, dass Sie es ehrlich meinen. Also mein Vater, sein Name war Hackbart, war Richter am Obersten Gericht. Eine derartige Stellung hat den Vorteil, dass man nur arbeitet, wenn einem danach ist. Man kann mit Routine nicht überfordert werden und sucht sich die Fälle aus. Zumeist wählte er Fälle von Kapitalverbrechen und ähnliche. Das implizierte die Höchststrafe und ein Feilschen mit dem Staatsanwalt war nicht notwendig. Im Übrigen liebte mein Vater Höchststrafen. Es ging ihm im Wesentlichen immer darum, so wenig Entscheidungen wie möglich zu treffen. Damit folgte er einer Lebensphilosophie, die es ermöglichte, dass, und aufgemerkt, meine Herren, der Abdruck seines Hinterteils noch heute in seinem Fauteuil sichtbar ist. Dieses Möbel wurde im Laufe der Zeit zu seiner konkaven Daseinsform, …

DENKER

… zu seinem physischen Pendant! Verzeihung, wenn ich Sie unterbreche, doch Ihre Ausführungen sind derart fesselnd, dass ich meine Erregung nicht mehr beherrschen kann. Eine Seelensaite ist im Klange und es drängt mich, Ihnen ergänzend mitzuteilen, dass auch mein Vater stets von der Idee beseelt war, jede überflüssige Regung zu unterlassen.

POLIZIST

Wundervoll, wie Sie das mit so berückender Schlichtheit formulieren. Nur weiter, ja …

DENKER

Er meinte, wenn er sein Leben nicht im Sinne von Entscheidungen und Bewegungen leben würde, könne er auch nicht sterben!

POLIZIST

Wunderbar, wie Sie das … besser hätte ich es nicht … wunderbar. Erlauben Sie mein Herr, … wie, sagten Sie, heißen Sie? …

DENKER

Ich sagte nichts dergleichen,
aber meine Name ist Hackbart.

POLIZIST

… Herr Hackbart, dass ich Sie umarme
und auf den Mund küsse?

DENKER

Das ist eigentlich gänzlich gegen meine Natur, doch das Pathos des Augenblicks überwältigt auch mich und so ist es mir ein besonderes Vergnügen, von Ihnen umarmt und auf den Mund geküsst zu werden.

Der Polizist umarmt den Denker und küsst ihn auf den Mund.

POLIZIST

Gottlob ist Mittagspause.

DENKER

Wollen Sie das Ende erzählen von Ihrem Vater oder soll ich das Ende von meinem Vater erzählen.

POLIZIST

Ich wäre Ihnen sehr verbunden, wenn Sie mir diese Tortur ersparen würden. Obgleich das Unglück inzwischen vor beinahe fünfzehn Jahren geschah, überwältigt mich die Erinnerung noch immer.

DENKER

Sprechen Sie nicht weiter! Ich fühle, was in Ihnen vorgeht und erlaube mir meinerseits, die inzwischen philosophisch abgeklärte und somit emotional unbedenkliche Sicht auf den Vorgang darzulegen …

MÖRDER

Ich habe ihn erschossen, von hinten, durch die Lehne des Sessels. Mit seinem eigenen Wehrmachtsrevolver. Die Kugel durchschlug erst die Lehne, dann den Kopf und trat aus der Stirn wieder heraus. Es war ein wundervoller Anblick. Das Loch sah aus wie ein drittes Auge. Ich schaute ihn von der einen Seite an und das rote Auge schaute mich an. Ich schaute ihn von der anderen Seite an und das rote Auge schaute mich an. Das erste Mal in meinem Leben hat er mich richtig angeschaut, so aus der Tiefe heraus. Als käm‘s von Herzen … Das war ein wundervoller Augenblick der Versöhnung. Jetzt liebe ich meinen Vater.

DENKER

Bitte schön, … schlicht und desillusionierend.

HÄNDLER

Ich habe Angst.

POLIZIST

(Er macht plötzlich einen verwirrten Eindruck.)
Das ist gut, denn Angst erhöht die Wachsamkeit. Es ist das sicherste Mittel zum Überleben. Ohne Angst kein Überleben. Verstehen Sie? Ohne Angst kein Überleben. Angst ist das Beste, was uns passieren kann. Ohne Angst kein Überleben … kein Überleben …

HÄNDLER

Ich würde mein Hab und Gut hergeben, wenn ich jetzt woanders sein könnte.

Ich bin mir nicht einmal bewusst, warum ich jetzt hier an diesem Ort bin … bin. Oder bin ich es nicht? Ist das alles nur ein schlechter Traum? Nein. … Es gibt für mein Hiersein, und für mein Dasein vermutlich auch, keinen vernünftigen Grund und das Einzige, was mir im Gedächtnis bleiben wird, ist das streng gescheitelte Haar dieser bedauernswerten Frau in der wunderschönen, kniehohen Fichtenschonung …

Er zeigt in die Richtung, wohin der Mörder die Tote geschleift hat. Alle Blicke folgen seinem Fingerzeig. Die Scheitelfrau erscheint. Sie ist jetzt stark gealtert. Sie erblickt das Objekt und steuert geradewegs darauf zu.

SCHEITELFRAU

Ah, was sehe ich? Ein ... ein ... Kommt mir gerade recht. ... Ich verließ heute morgen das Haus wegen eines Fischs, ... wegen eines Fischs. Aber ich kann mich nicht mehr erinnern, warum mich der Gedanke an einen Fisch bewegen konnte, das Haus zu verlassen. Vielleicht wollte ich mir einen Fisch kaufen, um ihn zu essen? Oder ich hatte das tiefe Bedürfnis, einen Fisch zu berühren.
Ja, ich glaube mich erinnern zu können, dass ich weit vor der Stadt an einen Bach kam und anhielt, um darin nach Fischen zu schauen. Aber der Bach roch übel und kroch zähflüssig dahin.
Nichts Lebendiges war darin.

DENKER

Man sollte heutzutage nicht mehr an Bächen nach Fischen schauen wollen. Sicherer ist es, ein Delikatessengeschäft oder einen Kolonialwarenladen aufzusuchen. Dort kann man mit ein wenig Glück noch Fischen begegnen.
Apropos, Kolonialwarenladen, es wäre kein übler Umstand, einen zu besitzen.

Oder einen Tabakwarenladen … Im Übrigen könnte der Fisch nur ein Vorwand sein, der dich unbewusst aus dem Haus trieb, um mich zu treffen, Mutter.

POLIZIST

(Er ist jetzt stark irritiert und schreit.)
… Ich gebe mir wirklich die allergrößte Mühe, die Ordnung aufrecht zu erhalten. Aber wenn ich hier auf keinerlei Bereitschaft zur Kooperation stoße, dann sehe ich mich gezwungen, andere Seiten aufzuziehen. Ich werde jetzt ganz einfach die drei Grundregeln der Demokratie außer Kraft setzen und durchgreifen. Außergewöhnliche Situationen erfordern außergewöhnliche Maßnahmen. Ich werde jetzt das Kriegsrecht einführen, denn nur so kann die öffentliche Ordnung … Ich … Ich … Ich oder das Chaos. Ihr habt die Wahl. … Ich werde jetzt kompromisslos durchgreifen. Und zwar so kompromisslos, dass es euch schaudert.

Er zieht seinen Schlagstock. Der Mörder zieht seine Pistole und zielt auf das Gesicht des Polizisten. Der Polizist beruhigt sich schlagartig und beide stecken die Waffen wieder weg.

SCHEITELFRAU

Er ist noch immer so schrecklich jähzornig. Dabei versprachen die Psychiater doch Besserung im Laufe der Jahre … Zumindest besitzt er den Willen zur Autorität und darin ist er seinem Vater, Gott hab ihn selig, nicht unähnlich. Nimmst du Psychopharmaka? …

MÖRDER

Mutter, warum trägst du dein Haar so gestreng?

SCHEITELFRAU

(Sehr streng)
Warum läuft der Idiot eigentlich frei herum?

MÖRDER

Mutter, warum trägst du dein Haar so gestreng?

SCHEITELFRAU

Das gewährleistet Faltenfreiheit,
wie es der Witwe eines Richters des Obersten
Gerichtes ziemt. Schließlich ist man immer
noch Frau Richter Hackbart.
(*An den Denker gerichtet.*)
Und du? Leidest du immer noch an einem
eingebildeten Anus praeter? Läufst du noch
immer ohne Hosen herum, weil du Angst hast,
du könntest hineinscheißen? Erzählst du noch
immer in der Öffentlichkeit, dein Vater hätte
dir zu seinem Vergnügen den Finger in den
Arsch gesteckt?

DENKER

Er hat mir den Finger in den Arsch gesteckt
und nicht nur den Finger!

SCHEITELFRAU

(Sie ohrfeigt ihn.)
Und wenn er es getan hat, ist das noch lange
kein Grund, in der Öffentlichkeit darüber zu reden.
Das könntest du machen, wenn dein Vater Arbeiter
gewesen wäre … oder Eisenbahner oder, nein,
Postbeamter ist schon wieder problematisch, …
aber nicht, wenn er Richter am Obersten Gericht war
und auf tragische Weise ums Leben kam.
Hast du das verstanden!? …
(Zum Händler)
Und du? Was ist aus dir geworden? Du siehst
so bedeutungslos, so nichtssagend aus!?

POLIZIST

Ich … Ich weiß es. Händler … Er ist Händler.

SCHEITELFRAU

Händler! Bei Gott, ich habe deinem Vater
nicht glauben wollen. … Händler …

HÄNDLER

Großhändler. Im- und Export.

SCHEITELFRAU

Warum ist er so aufgeregt? Hast du dir etwa
schon wieder in die Hosen gepinkelt?
Gib mir gefälligst eine Antwort!

HÄNDLER

(Er deutet auf den Mörder.)
Er … Er …

SCHEITELFRAU

Er, er … und was, Hosenpisser?

Alle lachen.

HÄNDLER

Dieser Mann hat vor unseren Augen eine
Frau erschossen. Dann hat er sie dort in die
wunderschöne, kniehohe Fichtenschonung
geschleift und abgelegt.

SCHEITELFRAU

Dort? … Dort ist weder eine wunderschöne,
kniehohe Fichtenschonung, noch eine tote Frau.
Du fantasierst. Du hast immer fantasiert.
Darum wurdest du auch immer kalt gebadet.
Möchtest du jetzt kalt gebadet werden?
… Sprich!

HÄNDLER

(Er ist jetzt außer Kontrolle.)
Er hat es getan. Er hat sie einfach mit einer
Pistole erschossen. Dagegen helfen keine
kalten Bäder. Er ist ein kaltblütiger Mörder.
Er ist ein Mörder. Ein Mörder …

Der Mörder zieht blitzschnell die Pistole und zielt auf ihn. Der Händler zieht blitzschnell das Attest hervor und streckt es ihm entgegen.

Händler

Das darfst du nicht. Ich habe ein Attest …

Der Mörder entreißt ihm das Blatt und steckt Waffe und Blatt ein.

Mörder

Jetzt nicht mehr.

Alle lachen und der Händler knickt ein.

Scheitelfrau

Gott, wie ich es gehasst habe, das Gewimmer
in der Nacht. Haben wir es nicht immer
genossen, die wunderbaren stimmungsvollen
Erzählungen des Vaters über Morde,
Zerstückelungen und alle die grausigen Sachen,
die der Vater mit so eiserner Hand bekämpft hat?
… Aber dieser Bettnässer hat einem alles verdorben
mit seinem Geheul.
Aus dem wird nie was, hat der Vater gesagt.
Ich wollte es nicht glauben. Es ist noch weniger
aus ihm geworden. Ein Händler …

Mörder

Mein Vater hat auch Geschichten erzählt …

Scheitelfrau

Es waren dieselben Geschichten. Nur für dich
klangen sie anders, weil du im Schrank hocken
musstest. Die Dunkelheit war das einzige Mittel,
dich ruhig zu stellen … Aber es waren die gleichen
Geschichten. Wenn ich dich so anschaue, bereue
ich es, dass wir nicht nach Amerika geflogen sind,
um die Lobotomie durchführen zu lassen. … Hier
machte man solche Eingriffe nicht. Aus ethischen
Gründen, wie es hieß. Der Teufel weiß warum.
Und, was hat es ihm gebracht? Schaut ihn euch an.
… Es würde ihm jetzt bestimmt besser gehen.
Er wäre vermutlich glücklich.

MÖRDER

Ich bin glücklich.
… Erzählst du uns eine Geschichte?

SCHEITELFRAU

Ihr wollt eine Geschichte hören?

Mehr oder weniger Zustimmung. Sie rücken zusammen. Die Situation bekommt beinahe etwas Anheimelndes.

SCHEITELFRAU

Ich erzähle euch die Geschichte vom Süßen Brei.

Bis auf den Mörder lehnen alle ab. Sie winkt heftig ab.

Also gut, also gut. Eine andere Geschichte.
Es war einmal ein Mann, der hatte sieben Söhne.
Die sieben Söhne sagten: Vater,
erzähl uns eine Geschichte. Da fing der Vater an.

Der Denker macht ein wegwerfende Geste und entfernt sich aus dem Kreis der Zuhörer.

Es war einmal ein Mann, der hatte sieben Söhne.
Die sieben Söhne sagten: Vater,
erzähl uns eine Geschichte. Da fing der Vater an.

Der Polizist begreift und entfernt sich aus dem Kreis der Zuhörer.

Es war einmal ein Mann, der hatte sieben Söhne.
Die sieben Söhne sagten: Vater,
erzähl uns eine Geschichte. Da fing der Vater an.

Der Händler, eigentlich froh über ein wenig Nähe, erkennt die Sinnlosigkeit und entfernt sich aus dem Kreis der Zuhörer.

Es war einmal ein Mann, der hatte sieben Söhne.
Die sieben Söhne sagten: Vater,
erzähl uns eine Geschichte. Da fing der Vater an.

Die Scheitelfrau betrachtet angewidert den Mörder.

Also gut, ich gebe es zu, ich kenne keine
Geschichte außer die vom Süßen Brei.
Immerhin solltet ihr den guten Willen anerkennen.
Aber ich bin mir sicher, dass es Mütter gibt,
die nicht einmal diese eine Geschichte kennen.

MÖRDER

Ich kenne eine Geschichte.

DENKER

Das wird eine schöne Geschichte sein.

HÄNDLER

Er soll sie erzählen. Er soll sie erzählen.
Er soll. Wenn er erzählt, schießt er nicht …
das ist eine alte Diplomatenweisheit.

SCHEITELFRAU

Von mir aus.

MÖRDER

Im Keller ist es duster,
da wohnt ein alter Schuster.
Wie kann's im Keller duster sein?
Da scheint doch Mond und Sonne rein!

Lange Pause. Alle sind gleichermaßen berührt und ringen um Fassung.

DENKER

Was hat das zu bedeuten? Warum er?
Warum kann er eine Geschichte erzählen.
Er hat keinen Verstand. Verstand ist ihm
ausgetrieben, ausgetrieben, ausgetrieben.
Sein Reich ist die Dunkelheit. In der Dunkelheit

wird der Verstand ausgetrieben …
In der Dunkelheit ist kein Keimen,
ist kein Verstand möglich.

MÖRDER

Im Dunkeln lernt man singen. Wenn man
es dort nicht lernt, lernt man es nie.

DENKER

Warum er? Warum? Wer ist schuld an mir?
Ich will es wissen. Und wer ist schuld an dir
und an dir und an dir?
(Zur Scheitelfrau)
Bist du schuld?

SCHEITELFRAU

Ich habe gekocht und gebacken, die Fußböden gescheuert und die Wäsche gewaschen, ich war dem Mann ein Weib und eine Hure und eine Geheimnisträgerin. Ich war eine von Liebe erfüllte Mutter. Ich sehnte mich nach einer Tochter, um ihr das Haar zu kämmen …

Der Händler bricht wie vom Blitz getroffen zusammen. Ein Weinkrampf schüttelt ihn. Die Scheitelfrau holt einen Kamm hervor und kämmt ihm das Haar. Er stößt sie von sich. Sie tritt nach ihm.

Er, … er ist ein guter Sohn. Er ist ein guter
Mensch und Sohn. Er ist Polizist.
Was kann sich eine Mutter mehr wünschen …

POLIZIST

Ich hasse diesen Beruf.
Viel lieber wäre ich Gärtner geworden.

DENKER

Warum sind Sie nicht Gärtner geworden.

POLIZIST

Angst. Die Angst trieb mich, Polizist zu werden. Die ewigen Alpträume von Mord und Zerstückelung und diesen wunderbaren Dingen haben mich verfolgt. Ich trage zur Nacht anstelle eines

Schlafgewandes eine Uniform. Erst seit ich in einer Uniform schlafe, finde ich Ruhe. Von mir ist nichts mehr übrig als eine Uniform. Sie hält mich zusammen, sie hält mich aufrecht. Ich bin zu einem wirbellosen Weichtier mutiert. Ich bin eigentlich kein Mensch mehr. Was Sie hier sehen, ist eine Maske. Nur ein Maske. Eine Maske. Eine Maske. Die Uniform hält meinen Leib zusammen. …
Ich benutze Windeln, denn würde ich eine Toilette benutzen, würden mir meine Innereien wegschwimmen. Ist das nicht komisch? Sagen Sie selbst, finden Sie das nicht komisch?
Das ist doch komisch, oder?

DENKER

Ganz und gar nicht. Was ist das für eine Vorstellung, die Sie mir zu vermitteln suchen? Wollen Sie etwa behaupten, unsere Polizei sei eine Ansammlung von Psychopaten, die sich in Uniformen retten, um zu überleben?

POLIZIST

Nein, … nein das will ich nicht sagen.
Derartige Aussagen stehen mir nicht zu.
Sie fallen unter das Dienstgeheimnis.

HÄNDLER

(Er betrachtet sein Genital.)
Nein, nein, … das schickt sich nicht für ein kleines Mädchen. Dich sollte man abschneiden, du böses kleines Ding. Du bist ein Ärgernis, ein Spielverderber …

Der Mörder lässt ein Klappmesser aufspringen und reicht es dem Händler.

POLIZIST

Etwas Anderes verrate ich Ihnen,
was für Sie von Interesse sein könnte.

DENKER

Ich höre.

POLIZIST

Ich sage es Ihnen aber nur im Vertrauen.
Bitte betrachten Sie es nicht als öffentliche
Verlautbarung. Das müssen Sie mir versprechen.
Also: Es gibt keine Frauen mehr.

DENKER

Was wollen Sie damit sagen? Diese Aussage
entbehrt jeglicher Konkretheit. Sie ist mehr
oder weniger oder mehr oder weniger oder
mehr oder weniger oder mehr oder weniger
oder mehr oder … ein Gemeinplatz.

POLIZIST

Es ist, wie ich es sage. Es gibt keine Frauen mehr.
Es gibt nur noch Mütter. Nur noch Mütter.
Wissen Sie, was das bedeutet? Nur Mütter? Mütter!

DENKER

Wie Sie das Wort Mutter aussprechen,
möchte man meinen, es handle sich um eine
ansteckende Krankheit. … Also wenn Sie
glauben, Sie können mir dieses unangenehme
und wenig ergiebige Thema aufdrängen,
dann haben Sie sich geschnitten …

HÄNDLER

(Er hält ihr seinen abgeschnittenen Penis entgegen.)
Sieh, Mutter, das letzte Hindernis ist beseitigt.
Ich bin jetzt deine Tochter.

SCHEITELFRAU

Du dummer, dummer Junge …
dafür ist es längst zu spät.

Sie kramt ein Weckglas hervor und hält es ihm entgegen. Er steckt den Penis hinein und sie verschließt das Glas behutsam mit einem Schnappverschluss. Der Mörder nimmt dem Händler das blutige Messer ab, wirft die Scheitelfrau zu Boden und schneidet ihr den streng gezurrten Haarknoten mit einem Schnitt ab. Dann starrt er der Scheitelfrau ins veränderte, natürlich wirkende Gesicht, als würde er es zum ersten Mal sehen.

MÖRDER

Ich habe es immer gewusst.
Sie ist keine schöne Frau. Sie sieht dem Vater ähnlich. … Oder ist sie der Vater? … Ich glaube, sie ist der Vater. Was sagen Sie, meine Herren. Könnte sie der Vater sein? … Der Vater ist tot. … Den Vater muss man töten, sonst steht er immer hinter einem. Und selbst wenn er tot ist, steht er hinter dir und du musst dir selbst sagen: Der Vater ist tot. Er kann nicht hinter dir stehen. … Manchmal hilft es.

Er schaut sich erschrocken um.

POLIZIST

Wenn Sie jetzt diese Frau erschießen würden, ließe sich sehr schwer nachweisen, dass Sie nicht in Notwehr gehandelt haben.

DENKER

Wenn Sie sagen »sehr schwer«, bedeutet das doch immerhin, es ist nicht unmöglich.

POLIZIST

Ja, selbstverständlich. Das hängt letztlich von den Zeugenaussagen ab. Also auch von Ihnen, wenn Sie als Zeuge das Augenscheinliche des unausweichlich bevorstehenden Zwischenfalls so wiedergeben, dass es den Herrn entlasten würde.

DENKER

Ich denke darüber nach.

POLIZIST

Und Sie, mein Herr?

HÄNDLER

Hat sie wirklich gesagt, es sei zu spät?
… Hat sie?

POLIZIST

Sie hat.

HÄNDLER

Dann hat sie ein Urteil gesprochen.

POLIZIST

Nun, mein Herr, zu welchem Schluss
sind Sie gekommen.

DENKER

Was immer auch geschieht, ich werde Ihnen zur Verfügung stehen. Allein, ich kann Ihnen momentan noch nicht konkret und mit allerletzter Sicherheit sagen, welchen Inhalts meine Aussage sein wird. Sollte Ihnen das genügen, würde es mich aufrichtig freuen und, das können Sie mir getrost glauben, Freude ist ein Element meines Lebens, welches ich nur aus theoretischen Überlegungen kenne.

POLIZIST

Die Mittagspause ist verstrichen. Bitte, der Herr, tun Sie, was Sie an sich selbst und durch sich selbst nicht verhindern können. Nur Mut.

Der Mörder zieht die Pistole und verschießt das ganze Magazin auf die Scheitelfrau. Die bleibt jedoch völlig unbeeindruckt und unverletzt.

SCHEITELFRAU

Ich habe mir häufig darüber den Kopf zerbrochen, ob Wünschen eine wirkliche, reale Kraft innewohnt. Kennen Sie das nicht, meine Herren, Sie wünschen sich etwas von ganzem Herzen, mit aller inneren Kraft, die Ihnen zur Verfügung steht, und Sie wissen bereits im Voraus, dass dieser Wunsch nicht in Erfüllung gehen kann, weil es einem Wunder gleich käme und allen Gesetzmäßigkeiten unseres so zweifelhaften Daseins widerspräche. Und dennoch ist da immer ein winziges Quäntchen Zweifel, das

ihnen zuraunt, wenn du es dir mit aller Kraft
wünschst, wird es auch in Erfüllung gehen
und plötzlich wird es geschehen sein.
… Haben Sie schon einmal das Wunder erlebt
und ein Wunsch, der nicht in Erfüllung gehen kann,
ging dennoch in Erfüllung?
… Sprechen Sie! … Also der Gedanke, dass dieses
Wunder nicht möglich ist, stimmt mich unendlich
traurig. Als ich heute früh erwachte, hatte ich das
bestimmte und unabänderliche Gefühl, ein Fisch zu
sein. Es war mehr als nur ein Gefühl. Es war
zugleich auch ein tiefer Wunsch, von dem
ich annahm, dass er heute in Erfüllung gehen
würde. Ich suchte einen Bach auf und schaute in das
träge dahinfließende Wasser. Doch ich erblickte,
was ich seit einer Ewigkeit erblicke.
Ein Fisch war ich nicht
… Sprechen Sie! Ist Ihnen schon mal
ein derartiges Wunder widerfahren?

DENKER

Nein.

POLIZIST

Nein.

HÄNDLER

Nein.

MÖRDER

…

SCHEITELFRAU

Diese Fantasielosigkeit grenzt ja schon an
Schwachsinn … wobei man nie weiß, ob sich
hinter dem Schwachsinn nicht doch eine
Doppelbödigkeit verbirgt. Bei Ihnen, mein Herr,
hege ich den Verdacht, dass Sie der Welt
etwas vorenthalten.

MÖRDER

Wenn du mich liebst, Mutter,
schneide ich mir ein Ohr ab für dich.

HÄNDLER

Wenn jetzt nicht irgendwas passiert,
verliere ich den Verstand. Mein Leben lang
fliehe ich vor dieser Leere, die mich unentwegt
angrinst. Sie trägt das Antlitz des Vaters.
»Gib Ruhe, der Vater will nicht gestört werden«
- und der Vater hockte in seinem stinkigen alten
Sessel. Man war sich nie sicher, ob er noch lebt
oder ob dieser schwere süßliche Geruch nicht
schon der Vorbote der Verwesung war.
»Gib Ruhe, dein Vater will nicht gestört werden.«
Und dann machte sie sich breit, diese Leere,
angefüllt mit Klassikerzitaten oder
Kochrezepten und Streitereien, ob Rindfleisch
in rotem Bordeaux oder Beaujolais besser
schmeckt und als ihm das Blut aus der Stirn troff,
war ich versucht, es zu probieren.
Bordeaux oder Beaujolais. Bordeaux oder
Beaujolais. Bordeaux oder Beaujolais …
Als Palette ist er preisgünstiger zu bekommen,
… der Bordeaux … und auch der Beaujolais.

Er stirbt. Der Polizist beginnt damit, ihn im Sand zu verscharren.

DENKER

Es ist ungerecht, wenn sie uns überlebt.
Auch wenn Vater und du uns beizeiten getötet
habt, solltet ihr den Schein wahren. Ihr seid
doch immer so versessen gewesen auf einen
guten Leumund und auf eine makellose
Reputation. Also untersteh dich und
überlebe mich …

SCHEITELFRAU

Es hätte ihm gefallen, euch sterben zu sehen.
Ja, … er liebte es, im Mittelpunkt zu stehen.
Und das hätte er gewiss, wenn ihr in jungen

Jahren durch schreckliche Unfälle eure Leben verloren hättet. Man hätte ihm verständnisvoll auf die Schulter geklopft und dabei gedacht, die Besten werden immer am härtesten vom Leben geprüft …

DENKER

Wie Hiob oder Abraham …

SCHEITELFRAU

Wenn dein Name Isaak und seiner Abraham geheißen hätte, … wärst du tot. Er hätte nicht gezögert. Seine Eilfertigkeit hätte Gott in Erstaunen versetzt. Noch ehe er Einspruch erhoben hätte, wäre dein Blut in den Stein gesickert.

DENKER

Ich bin tot. Er hat über mich gerichtet und er hat mich hingerichtet. Er war Richter und Henker zugleich. Könntest du in meinen Schädel schauen, dann würdest du die Schlinge sehen. Er hat sie mir nicht um den Hals gelegt, sondern um die Hypophyse. Er hat mich von mir selbst abgetrennt und erhängt.
Ich bin ein lebender Toter. Ein Zombie …

SCHEITELFRAU

Entschuldigen Sie, mein Herr,
aber jetzt verlieren wir uns in Fantasien.

DENKER

Es gibt keine Frauen mehr. Es gibt nur noch Mütter und Mütter überwindet nur der Tod. Hören Sie, meine Herren. Man sollte ein Gesetz machen, welches Frauen verbietet, als Mütter zu leben. Nicht das Neugeborene muss sterben, sondern die Mutter. Man sollte sie mit riesigen Puderquasten ersticken und anschließend die Körper in starken chemischen Reinigungsmitteln zersetzen. Schließlich sollten die Rückstände geklärt und in irgendwelche Badeseen geleitet werden.

SCHEITELFRAU

Herr Polizist, es ist an der Zeit, dieses Subjekt
auf seine Zurechnungsfähigkeit zu überprüfen.
Hören Sie nicht, was er redet. Er spricht von
einer Schlinge im Kopf. Haben Sie Derartiges
schon einmal gehört? Schlinge im Kopf …
Der kann ja zur Bedrohung werden.

DENKER

Warum bist du so fremd, Mutter?

SCHEITELFRAU

(Sie schreit)
Nennen Sie mich nicht Mutter, mein Herr.
Ich sehe keinen Grund, mich von Ihnen Mutter
nennen zu lassen. Wie Sie so dastehen, ohne
Hose und überhaupt, wie Sie aussehen …
Da kommt es Ihnen nicht zu,
mich Mutter zu nennen …

Der Polizist zieht seinen Schlagstock aus dem Gürtel und stößt ihn der schreienden Frau in den Leib.
Der Denker bricht unter dem Schmerz des Schlages zusammen.

Glauben Sie den Quatsch mit der Schlinge im Kopf?

POLIZIST

Ich denke selten etwas und so wenig wie ich
denke, zweifele ich auch nicht an dem was ist
und gesprochen wird. Es gibt ja Menschen,
die zweifeln an allem. Das sind … äh … äh …

DENKER

Skeptiker.

POLIZIST

Richtig. Diese Menschen sind mir zuwider,
weil sie eigentlich das Leben nur unnötig
beschweren. Häufig denke ich, bei diesen
Menschen stimmt etwas nicht. Ich denke, sie
sind anders als Unsereiner.

Und wenn ich länger darüber nachdenke,
was höchst selten vorkommt, dann denke ich,
bei denen im Gehirn stimmt etwas nicht.
Einmal habe ich sogar schon gedacht,
diese Menschen haben eine Schlinge im Kopf,
die ihnen das Gehirn so schmerzhaft abschnürt,
Sie verstehen?

SCHEITELFRAU

Jetzt fängt der auch noch an …
Hören Sie, Herr Polizist. Sie sollten darüber
nicht nachdenken.
(Sie schreit ihn an.)
Sie sollten Ihren Mund halten und Ihre Arbeit machen.

Der Polizist zieht erneut gelassen seinen Schlagstock aus dem Gürtel und stößt ihn der Frau in den Leib. Der Denker bricht erneut unter der Wucht des Schlages zusammen.

POLIZIST

Glauben Sie nicht, dass wir keine Fantasie haben. Gelegentlich plagt auch uns so etwas wie Neugierde. Ich halte es daher für angebracht, der Sache auf den Grund zu gehen. Meine Herrschaften, ich möchte Sie freundlichst ersuchen, mir ein wenig zur Hand zu gehen.

Alle scharen sich um den Denker, dessen Gliedmaßen gelegentlich spastisch zucken. Er gibt gurgelnde Laute von sich. Während der Polizist einen chirurgischen Eingriff vornimmt, reicht der Mörder ihm allerlei Instrumente an, die er aus seinen Taschen zaubert. Der Polizist spricht, als würde er einen forensischen Vorgang auf einem Diktafon verewigen.

In Anbetracht der fortgeschrittenen Zeit und um diese unselige, für alle Anwesenden ein wenig unverständlich und jeglicher Moral entbehrenden Geschichte zu Ende zu bringen, halten wir uns mit den einzelnen Schichten der Kopfhaut nicht lange auf. Wir trennen sie horizontal über dem Stirnbein, welches sich beim Auseinanderklaffen der Epidermis in wundervollem, ich möchte sagen, vornehmen Grau präsentiert. Wissen Sie, wie man eine Kokosnuss öffnet? Schauen Sie her. Man beginnt die Schale mit einem scharfen Gegenstand kreisförmig einzukerben. Wenn die Kerbe tief genug ist, bildet sich ein Riss und die Schale, in unserem Fall die Schädeldecke, springt mit einem dezenten Knacken ab. Hoppla, schon geschehen.

Der Mörder fällt angesichts des geöffneten Schädels in Ohnmacht.

Ich muss doch sehr bitten, mein Herr.
Sie können sich doch in dieser Situation nicht verabschieden. Also erheben Sie sich und betrachten Sie dieses wundervoll gemusterte Großhirn.
Haben Sie schon einmal etwas Erhabeneres gesehen? Ist es nicht inspirierend. Ich werde jetzt darunter greifen und es ein wenig lüften. Hier sehen Sie das Scheitelbein und die Kreuzung der Sehnerven.
Sie müssen wissen, der Mensch schaut über Kreuz. Verrückt, nicht wahr? Aber hier, hier haben wir endlich die Hypophyse und … was sehen wir?
Nichts sehen wir.
Da ist keine Schlinge im Kopf.
Es war ein Irrtum.
Ich kann auch anderenortes nichts ausmachen, was an eine Schlinge erinnert. Lassen Sie uns diese unappetitliche Sache beenden. …
Wie spät ist es eigentlich? … Nun packen Sie doch einmal zu. Reichen Sie mir bitte das Erste-Hilfe-Päckchen. Ja, danke.
Nun noch ein Verband
und die Geschichte ist vergessen.

Alle betrachten den mit Kopfverband im Sand hockenden Denker.

SCHEITELFRAU

Da ist keine Schlinge in Ihrem Kopf, mein Herr.
Das ist alles nur Einbildung.
Diese Schlinge gibt es nur in Ihrem Kopf,
um es einmal metaphorisch zu umschreiben.
Im Kopf und nicht im Kopf, Sie verstehen?

MÖRDER

Wonach haben wir eigentlich gesucht?

SCHEITELFRAU

Nach der Schlinge im Kopf.

MÖRDER

Und wo ist die Schlinge?

POLIZIST

(Er tippt sich mit dem Finger an die Stirn.)
Im Kopf, wo sonst.

MÖRDER

Na, dann bin ich ja beruhigt.

DENKER

Sie glauben damit den Beweis erbracht zu
haben, dass alles nur ein Irrtum ist?
Sie wollen mir tatsächlich weismachen,
dass es sich nur um einen Irrtum meinerseits
handelt? Damit kommen Sie nie und nimmer durch.
Sie können das Leben nicht banalisieren.
Sie schon gar nicht. Dafür haben Sie nicht das
Format. Das Leben ist und bleibt ein
bemerkenswertes Ereignis, ob es Ihnen passt oder
nicht. In der vergangenen Woche habe
ich herausgefunden, dass es keine Irrtümer gibt.
Uns erscheinen die Vorgänge wie Irrtümer.
Doch in Wahrheit ist der vermeintliche Irrtum
eine Wahrheit, nämlich die eines anderen Menschen.

POLIZIST

Ich finde Sie wirklich zum Kotzen.
Warum können Sie nicht einfach akzeptieren?

Akzeptieren Sie und Sie finden Ihre Hosen wieder.
Glauben Sie mir.
Ich bin doch eine Autorität …

Denker

Nie! Nie werde ich akzeptieren, was nicht ist. So wahr ich hier stehe. Und wenn es einen Gott gibt, dann rufe ich ihn jetzt von dieser Stelle her an, er möge uns ein Zeichen senden.
Ich fordere ein Gottesgericht. Und vielleicht besitzt Gott genug Courage, die Lügner unter uns zu richten. Herr, du kannst diese verzweifelte Seele nicht überhören. Wir haben gelitten wie kein anderer vor uns.
Wir sind gestorben, noch ehe wir gelebt haben und diese Frau kann Zeugnis ablegen von unserer Qual. Wir haben nie erfahren, was Liebe ist. Wir sind gedemütigt und zerbrochen worden, und am Ende haben wir jeden Halt verloren …

Polizist

Kommen Sie zum Ende.
Dieses Pathos ist ermüdend.

Denker

(Voller Inbrunst)
Herr! Sende uns ein Zeichen!

Ein uniformierter städtischer Angestellter erscheint. Er schultert das nicht näher definierte Objekt, welches von Eingeweihten, die jedoch nicht anwesend sind, als ein Aleph ausgemacht wird, und will damit abgehen. Der Mörder stellt sich ihm in den Weg.

Mörder

Ist der Gott?

Denker

Was tun Sie? Bleiben Sie sofort stehen oder Sie zwingen uns zu repressiven Maßnahmen.
Seit Stunden, vielleicht schon seit Tagen,

verharren wir hier und nun kommen Sie und tragen das einzige noch verbliebene Symbol unserer Hoffnung fort. Stellen Sie es sofort wieder an seinen angestammten Ort zurück!

ANGESTELLTER

Ich verstehe Sie selbstverständlich und glauben Sie mir, wenn es in meinem Ermessen liegen würde, dann wäre ich der letzte Mensch, der an diesem Ding Hand anlegen würde. Jedoch, wie Sie an meiner Uniform unschwer erkennen können, treibt mich eine höhere Pflicht als die moralische und ich sehe mich jetzt angesichts Ihrer Forderungen in einen tiefen Zwiespalt gestürzt.

POLIZIST

Wie? Was? … Sie handeln in höherem Auftrag?

ANGESTELLTER

Jawohl. Im Auftrag der städtischen Behörde …
In deren Auftrag, ganz recht.
Wollen Sie meine Legitimation sehen?

POLIZIST

Ja.

Der Angestellte legitimiert sich gegenüber dem Polizisten. Wie auch immer das vor sich geht, es wirkt sehr geheimnisvoll, denn beide befinden sich in einer, durch ihre einander ähnelnden Stellung in der Gesellschaft definierten, tiefen, fast mystisch-konspirativen Übereinstimmung.

ANGESTELLTER

Sie müssen auch meinen Eifer verstehen, denn dieser ganze Vorgang basiert auf einem Irrtum. Leider vermag ich über diesen Irrtum keine Auskunft zu geben, doch dass es sich um einen derartigen handelt, das kann ich Ihnen versichern. Der Irrtum ist noch immer das aufregendste Moment in meinem Dasein als

städtischer Angestellte. Erst der Irrtum ist der
Beweis dafür, dass wir lebendige Wesen sind.
Ich könnte Ihnen von Irrtümern berichten,
die so unglaublich sind, dass … aber das darf
ich nicht, denn als städtischer Angestellter bin
ich zur absoluten Loyalität verpflichtet.
Schließlich zählt ja, was hinten rauskommt,
nicht wahr? Und wir als städtische Angestellte
vermögen den Eindruck zu erwecken,
allein durch unsere Loyalität, dass es Irrtümer
nicht gibt. Und doch ist der Irrtum alles.
Er ist das Essentielle meines, und ich spreche
da auch im Namen meiner Kollegen, unseres
Daseins. Der Irrtum ist die letzte höhere
Einsicht. Nur weiß es niemand.
Wir müssen es geheim halten.

SCHEITELFRAU

Sie meinen, hier kommt ganz bestimmt kein
Nahverkehrsmittel vorbei?

ANGESTELLTER

Psst, schweigen Sie. Das darf doch niemand wissen.
Natürlich kommt hier kein Nahverkehrsmittel vorbei
und an vielen anderen Orten auch nicht. Sie würden
sich wundern, wüssten Sie, wie gering die Chancen
sind, dass hier oder anderswo ein Nahverkehrsmittel
vorbei kommt. Beinahe alles ist ein Irrtum.
Die Chance, dass etwas kein Irrtum ist,
ist viel geringer als die Chance, dass etwas
ein Irrtum ist. Das sage ich Ihnen,
als ein städtischer Angestellter.

DENKER

Wenn aber etwas scheint, als wäre es kein Irrtum,
ist es dann trotzdem ein Irrtum?

ANGESTELLTER

Ganz sicher, natürlich. Gerade die scheinbaren
Dinge sind ein Irrtum. Sehen Sie sich um.
Alles was Sie sehen, scheint, als wäre es echt

und kein Irrtum. Aber das ist schon wieder ein Irrtum. Nichts von alledem ist, wie es scheint. Das nicht, dies nicht, die nicht
(Er deutet ins Publikum.)
und die erst recht nicht. Glauben Sie mir und glauben Sie Ihrer Mutter und Ihrem Vater. Die sind einen schweren Weg gegangen bis zu dieser Erkenntnis. … Gottlob haben sie uns die Welt eingerichtet. Gottlob …

Der städtische Angestellte geht ab.

DENKER

So ist das also …

Der Denker, der Polizist und die Scheitelfrau gehen überzeugt in verschiedene Richtungen ab. Der Mörder bleibt allein zurück. Er überlegt angestrengt.

MÖRDER

Das ist der Sinn des Ganzen? …
(Er singt vor sich hin, während er abgeht.)
Im Keller ist es duster,
da wohnt ein alter Schuster.
Wie kann's im Keller duster sein?
Da scheint doch Mond und Sonne rein!

Vorhang

Frank Sporkmann

Dramen II

ISBN 978-3-936934-15-1 Eur 9,90

Polizeistation

Frühstück des Präsidenten

Maschinen

Die Verjüngung des Pelias

Frank Sporkmann

Der Weltveränderer

ISBN 978-3-936934-03-8 Eur 8,90

Theaterstück und der Essay **Das Verhör**

Frank Sporkmann

Vathek

ISBN 978-3-936934-08-3 Eur 15,55

Frei nach William Beckford überwindet die Fassung kulturelle Grenzen, verknüpft literarische Stile, Philosophien und schlägt humorig Brücken ins Heute.

Frank Sporkmann

Minotauros oder Das ungeliebte Kind

ISBN 978-3-936934-05-2 Eur 8,90

Der Mythos - „vermeintlich" zwingende Folie menschlichen Handelns - die alte und doch eine andere Erzählung.

www.Aleph-Verlag.de